海南省教育厅项目资助(Hnjg2021-16)
海南大学教育教学改革研究项目(hdjy2134)
海南大学“金课”建设项目(hdjk2020142)

土地管理案例教程

宋晓丽　韦仕川　编著

中国农业大学出版社
·北京·

内 容 简 介

本教程分为理论与案例两个部分。理论部分回答了土地管理的四个问题，重点阐述土地用途与土地权属两项基本制度，为后面案例的分类与分析提供了理论依据。案例部分难易程度适中、主题明确，分为土地用途管制案例、土地权属管理案例、综合案例，并进行了法理与学理的剖析。本书“理论＋案例”的编写模式能让读者对我国土地管理制度有一个较为系统、深入的认识，也便于案例教学时对案例进行选择与使用。

此外，本书还提供了相关的拓展阅读资料，内容涉及关联的法律法规、政策文件、视频资料、权威文献等。本书可作为高校土地资源管理、资源环境与城乡规划管理、自然资源管理等相关专业案例教学的配套教材，也可以作为地方政府基层干部土地管理培训用书。

图书在版编目(CIP)数据

土地管理案例教程／宋晓丽，韦仕川编著．-- 北京：中国农业大学出版社，2022.9
ISBN 978-7-5655-2653-4

Ⅰ.①土… Ⅱ.①宋… ②韦… Ⅲ.①土地管理-案例-中国-教材 Ⅳ.①F321.1

中国版本图书馆 CIP 数据核字(2021)第 237159 号

书　　名　土地管理案例教程
作　　者　宋晓丽　韦仕川　编著

策划编辑　梁爱荣　　**责任编辑**　梁爱荣
封面设计　李尘工作室
出版发行　中国农业大学出版社
社　　址　北京市海淀区圆明园西路 2 号　　**邮政编码**　100193
电　　话　发行部 010-62733489，1190　　读者服务部 010-62732336
编辑部 010-62732617，2618　　出　版　部 010-62733440
网　　址　http：// www.caupress.cn　　**E-mail** cbsszs@cau.edu.cn
经　　销　新华书店
印　　刷　北京时代华都印刷有限公司
版　　次　2022 年 9 月第 1 版　　2022 年 9 月第 1 次印刷
规　　格　185 mm×260 mm　　16 开本　　7.5 印张　　185 千字
定　　价　24.00 元

前　言

实践证明，案例教学已经成为公共管理学科一种更为有效的教学方式，这种教学方式不仅能巩固课堂所学的理论知识，而且能够培养学生在公共管理理论框架下分析问题、解决问题的能力。土地管理作为公共管理一级学科下的二级学科，目前还没有适用于案例教学的统编教材。

据调查统计，与土地管理相关的法律案例书籍甚多，如《中国法院年度案例 · 土地纠纷》《土地与房地产管理法案例解析》《土地管理法 · 案例注解版》《农村土地承包法经营纠纷调解仲裁案例评析》，此类书籍中提供了大量的案例，但主要是围绕某部法律设置的案例，案例没有系统的分类，而且案情复杂，分析难度大，主要适用于法官、检察官、执法人员、律师、法律顾问处理类似案例。近年来有极少数适用于教学的案例书籍出版，如邹亚锋、邹亚琼（2016 年）合著的《土地资源管理案例》，陈珏（2017 年）编著的《土地资源管理案例解析》，书中将土地管理案例进行了分类，分为土地权属管理、土地利用管理等类型，但书中没有与之相适应的理论分析架构作为铺垫，而且案例缺少法理分析。综上所述，相关案例书籍为案例教学提供了丰富的素材，但对于教学的应用价值有其局限性。

为了更好地满足目前土地管理案例教学的现实需求，本书在搜集大量案例素材的基础上，本着案例难易程度适中、案例主题明确的原则对案例进行了系统的梳理、筛选、归类；同时考虑到案例分析要与现有教材中的理论知识相联系、相衔接，本书总体上分为理论与案例两部分。理论部分对现行教材中的相关理论知识进行归纳总结，构建了基于“4W”的知识体系架构。4W 即 4 个问题：什么是土地管理，为什么要进行土地管理，管理的内容是什么，如何进行土地管理。针对土地管理的主要内容即资源管理（用途管理）与资产管理（权属管理），对其用途管制制度与产权制度进行了阐述，为后面案例的分类与分析提供了理论基础。根据管理内容的不同，将案例分为资源管理案例、资产管理案例、综合案例三大类型。资源管理案例又细分为用途改变案例、土地闲置案例，资产管理案例又细分为所有权案例、使用权案例、他项权利案例。其中，案例分析主要由案情介绍、部门处理结果、专家观点、案例总评等几部分组成。综上所述，本教材在重点阐述我国土地管理的两项管理制度（即土地权属管理与土地用途管理制度）的基础上，结合典型案例进行法理分析、学理思考，有助于初学者把握国家分类管理、底线管理的指导思想，对我国土地管理制度有一个整体性、系统性认识，为解决纷繁复杂的土地管理事务或案件找到切入点。

此外，本书中还提供了相关的拓展阅读资料，内容涉及关联的法律法规、政策文件、视频资料、权威文献等。本书可作为高校土地资源管理、资源环境与城乡规划管理、自然资源管理等相关专业案例教学的配套教材，也可以作为地方政府基层干部土地管理培训用书。由于著书时间起于 2019 年，虽然本书在结构与内容上进行了一些调整和扩充，但仍不免存在相关资料滞后问题。因编著者水平有限，本书还存在不少缺点与不足，恳请各位同仁批评指正。

编著者

2022 年 4 月

目　录

第一章

土地管理案例分析基本理论

第一节　土地管理的四个 W

一、什么是土地管理

什么是土地？分别从学理与法理两个维度进行分析。

在土地管理专业相关课程中，如土地管理学、土地资源学、地籍管理、土地评价等，专家、学者对土地概念进行了全面、系统的阐述。主要观点如下：①从内涵上讲，土地具有资源与资产双重属性；②从外延上讲，土地有狭义与广义之分，狭义的土地是指地球表面的陆地及其内陆水域，广义的土地是指整个地球表面，包括陆地、内陆水域、海洋、海岛，以及气候、矿产等资源，广义的土地等同于自然资源。

有关土地的表述也散见于相关的法律法规中。1982 年《宪法》第九条规定：矿藏、水流、森林、山岭、草原、荒地、滩涂等自然资源，都属于国家所有，即全民所有；由法律规定属于集体所有的森林、山岭、草原、荒地、滩涂除外。1982 年《宪法》第十条规定：城市的土地属于国家所有。农村和城市郊区的土地，除由法律规定属于国家所有的以外，属于集体所有；宅基地和自留地、自留山，也属于集体所有。2009 年《民法通则》第七十四条规定：劳动群众集体组织的财产包括土地、森林、山岭、草原、荒地、滩涂等。上述法律规定中土地与森林、草原、矿藏等资源是并列出现的，这里的土地只是自然资源的一种类型，是更为狭义的一种理解。

除了上述法律规定外，由《森林法》《草原法》《城市房地产管理法》《海域使用管理法》《农村土地承包法》《海岛保护法》等法律名称及所属部门职能分工来看，长期以来土地属于分散、多部门管理。随着 2018 年自然资源部的成立以及自然资源资产产权制度和用途管制制度的提出，土地的管理已经由耕地、建设用地等陆地部分逐渐拓展到水域、海域、无居民海岛等。

未来需要在自然资源统一管理的大背景下思考土地管理的问题。由于篇幅所限，本书重点针对城市建设用地、耕地、宅基地等土地类型。

【拓展阅读】

1. 朱道林. 自然资源资产产权制度改革须遵循自然资源属性[J]. 中国土地,2019(06):11-12.

2. 马永欢,吴初国,黄宝荣,等. 一图看懂什么是自然资源[J]. 青海国土经略,2018(02):30-32.

二、为什么要进行土地管理

随着人们不断增长与变化的用地需求,土地开发利用活动日益频繁。与此同时,违法违规等土地利用行为也屡禁不止。近年来引起中央及地方政府高度关注的秦岭别墅、京津冀大棚房、黑龙江曹园私宅等典型案例充分说明土地管理的必要性、艰巨性、长期性。

案例 1:“秦岭别墅”案例。2014—2018 年秦岭违建别墅始终得不到解决,2018 年 7 月,习近平总书记对秦岭违建别墅再作批示:“首先从政治纪律查起,彻底查处整而未治、阳奉阴违、禁而不绝的问题”,这是总书记针对这个问题的第六次重要批示。最终清查出 1194 栋违建别墅;其中依法拆除 1185 栋、依法没收 9 栋;网上流传甚广的支亮别墅(实为陈路)全面拆除复绿;依法收回国有土地 4557 亩、退还集体土地 3257 亩;实现了从全面拆除到全面复绿;一些党员干部因违纪违法被立案调查。(资料来源:中国经济网)

案例 2:“京津冀大棚房”案例。2019 年自然资源部对京津冀三地进行了初步排查,发现违法建设“大棚房”项目 2799 个、棚数 36675 个,涉及土地面积 9869 亩,集中分布在京津的郊区县和河北省涿州、大厂、广阳、安次、宣化等环京市县,购买者七成以上是城市居民。自然资源部、农业农村部已对京津冀地区大棚房开展联合督察,并部署开展全国性初步排查。“大棚房”占用的土地 70%是耕地,其中也有永久基本农田。(资料来源:中国经济网)

案例 3:“黑龙江曹园私宅”案例。绿水青山就是金山银山。但在森林资源丰富的黑龙江牡丹江市,曹某在张广才岭国有林区里,毁林削山挖湖建私家庄园。经初步查实,“曹园”中地面建设和水面占地 19 公顷左右,远超黑龙江省林业厅批复的 2.76 公顷的建设面积。2018 年 11 月 15 日,牡丹江市森林公安局对“曹园”涉嫌非法占用农用地进行立案。(资料来源:中国经济网)

上述这些典型案件暴露出目前土地管理的诸多问题,一是土地管理主体的问题,相关管理部门之间职责不清,管理部门执法意识、管理水平与能力均有待提高;二是土地管理对象的问题。相对于城市土地管理而言,农村土地尤其是山地与林地、耕地与基本农田仍然是管理的重点、难点。如何整合部门职责,对山水林田湖统一管理成为新时代土地管理的关键。

三、土地管理的主要内容

众所周知,土地具有资源与资产双重属性,这客观上决定了土地管理是由资源管理与资产管理构成的。资源强调可用性,资源管理主要解决土地可以用于什么用途、应该用于什么用途的问题；资产强调稀缺性，资产管理主要解决土地归谁所有、为谁使用的问题，即所有权与使用权的问题。因此，也形成了相应的管理制度，即用途管制制度与产权管理制度。换言之，土地管理的主要内容也是围绕用途与权属而展开。

1. 不同时期土地管理内容的变化

政策 1：用途管制的提出。1997 年中共中央、国务院联合下发文件《关于进一步加强土地管理切实保护耕地的通知》(中发〔1997〕11 号)，首次提出"用途管制"。1998 年修订的《土地管理法》规定"国家实行土地用途管制制度"。

政策 2：权属与用途管理并重。2013 年中共十八届三中全会审议通过的《中共中央关于全面深化改革若干重大问题的决定》指出，健全自然资源资产产权制度和用途管制制度。要对水流、森林、山岭、草原、荒地、滩涂等自然生态空间进行统一确权登记，形成归属清晰、权责明确、监管有效的自然资源资产产权制度。建立空间规划体系，划定生产、生活、生态空间开发管制界限，落实用途管制。健全能源、水、土地节约集约使用制度。

政策 3：生态保护的提出。2015 年《生态文明体制改革总体方案》提出，树立山水林田湖是一个生命共同体的理念，按照生态系统的整体性、系统性及其内在规律，统筹考虑自然生态各要素、山上山下、地上地下、陆地海洋以及流域上下游，进行整体保护、系统修复、综合治理，增强生态系统循环能力，维护生态平衡。

政策 4：由陆地到自然资源统一管理。2016 年发布的《国土资源"十三五"规划纲要》提出，推进自然资源管理制度改革，加快构建自然资源资产产权制度。制定自然资源统一确权登记办法，建立统一的确权登记系统，清晰界定全部国土空间各类自然资源资产的产权主体，对水流、森林、山岭、草原、荒地、滩涂等所有自然生态空间统一确权登记。"十三五"期间，我国将对水流、森林、山岭、草原、荒地、滩涂等进行统一确权登记，建立权责明确的自然资源产权体系，将用途管制扩大到所有自然生态空间。

政策 5：由城镇向农村转移。2018 年中央一号文件，即《中共中央国务院关于实施乡村振兴战略的意见》提出坚持农业农村优先发展，到 2035 年，乡村振兴取得决定性进展，农业农村现代化基本实现；到 2050 年，乡村全面振兴，农业强、农村美、农民富全面实现。

政策 6：自然生态保护。2017 年国土资源部关于印发《自然生态空间用途管制办法(试行)》的通知，第二条指出："本办法所称自然生态空间(以下简称生态空间)，是指具有自然属性、以提供生态产品或生态服务为主导功能的国土空间，涵盖需要保护和合理利用的森林、草原、湿地、河流、湖泊、滩涂、岸线、海洋、荒地、荒漠、戈壁、冰川、高山冻原、无居民海岛等。"

政策 7：资产管理的加强。2019 年中共中央办公厅、国务院办公厅印发了《关于统筹推进自然资源资产产权制度改革的指导意见》，指出："适应自然资源多种属性以及国民经济和社会发展需求，与国土空间规划和用途管制相衔接，推动自然资源资产所有权与使用权分离，加快构建分类科学的自然资源资产产权体系，着力解决权力交叉、缺位等问题。"

通过梳理近几年的国家政策文件可以发现，土地管理的内容呈现出一些新的变化趋势：一是由原先的资源管理为主向资源管理与资产并重过渡；二是土地管理的要素由陆地扩展到全部国土空间、自然资源；三是由保护耕地、控制建设用地为重点向保护生态过渡；四是管理的区域由城镇向乡村转移。总之，未来土地管理具有全域、全要素、全方位管理的特点。

【拓展资料】

二维码 1-1 “曹园”事件全记录

二维码 1-2 土地开发乱象不能排着队等曝光

2. 土地用途管理与土地权属管理的关系

土地用途与土地权属共同构成了土地管理的主要内容，二者之间既有区别也有联系。土地用途管理的目标是土地的健康利用、持续利用、集约利用等；土地权属管理的目标是土地权属关系清晰、土地正常交易、对权利人权利的保护与限制。土地权属清晰更有利于土地的合理利用与保护，而土地用途的界定反过来也会影响到土地权利的归属以及权利的类型，见如下案例。

案例：机关办公楼能否转给企业办公？

甲机关有一宗办公用地，经国有资产管理部门同意转让给乙企业作为办公用地，现申请办理转让手续，乙企业利用该地块上的原有建筑进行办公。按照《土地利用现状分类》(GB/T 21010—2017)，企业、服务业办公用地为商务金融用地，属商服用地，机关用地属公共管理与公共服务用地，用途发生了改变。《土地管理法》五十六条规定：在城市规划区内改变土地用途的，在报批前应当先经有关城市规划行政主管部门同意。而当地规划部门认为，原为办公用地现在还是办公用地，用途并没有发生改变。请问，在这种情况下，该宗地是否需要城市规划行政主管部门出具同意改变用途的意见？

《土地利用现状分类》(GB/T 21010—2017)是国家标准，任何机关、单位在管理和使用土地时均应遵循这个标准。甲机关的一宗办公用地，经国有资产管理部门同意转让给乙企业作为办公用地使用，姑且不论这种转让行为是否符合管理要求，仅就用地性质来说，事实上已经发生了变化。因为按照上述分类标准，甲机关办公用地属于分类标准中的一级类别“公共管理与公共服务用地”(08)，而企业办公用地则属于“商服用地”(05)，机关办公用地是可以划拨的，而商服用地应当实施出让。土地用途发生改变，自然需要规划部门出具同意改变用途的意见，这是毫无疑义的。另外，该宗地作为机关办公用地，如果有地上物的话，可以由机关将房产转让给企业，然后按照地随房走的原则，由该企业补缴土地出让金。如果已经没有地上物了，该宗土地应当由土地管理部门依法收回然后再组织出让。可以看出，同样是办公用地，界定为公共管理与公共服务用地还是商服用地，其权利取得方式是不同的，即权利类型发生了变化，前者一般是划拨国有土地使用权，后者一般是出让国有土地使用权。

【拓展阅读】

陈锡文．土地产权和用途管制须平衡．中国合作经济，2014(02)：4.

四、如何进行土地管理

这里从管理的体制、管理的方法、管理的路径等方面进行分析。

1. 土地管理的体制

管理体制涉及管理的机构（主体）及其职责权限。新中国成立以来，土地管理体制经历了相对统一、分散、再统一等几次转变，大体可以分为以下几个阶段。

1）土地相对统一管理阶段（1949—1954年）

1949年，中国人民政治协商会议第一次会议召开。会议通过了《中国人民政治协商会议共同纲领》，并据此制定了《中华人民共和国中央人民政府组织法》。该法规定，在政务院内务部下设地政局，负责全国各类土地的统一管理。地政局的职责是：土地测量、登记、土地证的发放、土地征用、城市房地产政策的规划、公共房屋的管理分配和保护、城市基建计量的审核等。此外，由财政部管理土地估价等工作，由农业部管理土地利用工作。

1952年，中国的土地改革取得决定性胜利，国民经济得到恢复发展，政府管理部门分工也日益细化，土地管理工作开始分散。1952年，城市营建规划及考核工作移交新成立的建筑工程部。1954年，因农业合作化的发展和农村地籍的变化，撤销了地政局，在农业部设土地利用总局。地政局的撤销，标志着新中国成立初期土地统一管理体制的结束。

2）土地分散管理阶段（1955—1985年）

自地政局被撤销后，我国土地行政管理体制进入了分块分部门管理的阶段。城市土地主要由国务院下设的城市建设部管理（1956年设立），后城市建设部改为国家建设总局，1982年并入新成立的城乡建设环境部。当时城乡建设部对土地管理的职责有编制全国城市的中长期计划和年度计划，并经国家批准后负责组织实施，指导和组织城市规划工作，负责城市住宅建设和公房、私房及地产的管理工作，编制住宅建设计划，指导乡村居民点、村庄、集镇的规划和建设，负责管理批准城市（包括市、县城、镇、工矿区）规划范围内的土地。

1962年，国务院设立国家房地产管理局作为国务院的直属机构。农村土地主要由农垦部和农业部管理，农垦部主要管理国有农场和农村荒地开发，农业部主要是管理农村耕地。

1982年成立农牧渔业部，下设土地管理局，加强了对农村土地的管理。此外，国务院各相关部门也分别管理各自的土地利用工作，如林业部、交通部、水电部、铁道部、商业部等。

3）土地统一管理阶段（1986—2017年）

1986年，中共中央、国务院发布了《关于加强土地管理、制止乱占耕地的通知》，决定在原城乡建设部与农牧渔业部负责管理土地工作的职能部门基础上成立国家土地管理局，负责全国城乡统一的土地管理工作。

1998年，国务院由地质矿产部、国家土地管理局、国家海洋局和国家测绘局共同组建国土资源部，其主要职能是土地资源、矿产资源、海洋资源等自然资源的规划、管理、保护与合理利用。至此，我国从陆地到海洋、从土地到矿产实行了集中统一的管理，建立起了现行的土地管理体制。到 1998 年，全国已形成了从中央、省（自治区、直辖市）、市（地）、县（市）到乡（镇）的五级土地管理体系。

4）自然资源统一管理阶段（2018 年至今）

2018 年将国土资源部的职责，国家发展和改革委员会的组织编制主体功能区规划职责，住房和城乡建设部的城乡规划管理职责，水利部的水资源调查和确权登记管理职责，农业部的草原资源调查和确权登记管理职责，国家林业局的森林、湿地等资源调查和确权登记管理职责，国家海洋局的职责，国家测绘地理信息局的职责整合，组建自然资源部，作为国务院组成部门。

此次的调整组建有利于管理职能的加强，尤其在功能区规划、自然资源确权等方面，过去城市规划归住建部门、国土规划归土地管理部门、森林规划由林业部门、草原规划由农业部门、流域规划由水利部门，而这些方面在现实中却是交叉的，规划难以分清，此次这些职能划归在一处，更加利于管理，对于权责划分也更加明确。

5）总评

（1）自然资源管理体制变化特点　综上所述，我国自然资源管理机构经历了不同阶段的诸多调整，土地资源管理经历了从中央人民政府政务院 1949 年 11 月成立的内务部地政司到国土资源部，矿产资源管理经历了从 1950 年 8 月成立的中国地质工作计划指导委员会到国土资源部，森林资源的管理经历了从林垦部到国家林业局，海洋管理经历了从海军部门代管到国土资源部代管。

我国的自然资源管理体制基本为集中统一管理与分部门管理、中央政府与地方政府分级管理相结合的架构。从国家层面看，实际上是由国土资源部、水利部、农业部、国家发展和改革委员会以及国家林业局这“三部一委加一局”共同支撑起土、水、林、草、矿（含能源）、海洋等六类最重要的自然资源的管理格局。

（2）土地管理体制存在的缺陷　我国的土地垂直管理体制，在业务上，土地职能部门接受上级部门“条条”式的垂直管理；在行政上，土地职能部门接受本级政府“块块”式的分级管理；在人事和财政上，由各级地方政府负责（省级以下土地管理部门的主要领导任免权和土地审批权上收至省级政府），这种土地管理等方面起到了重要作用，但其运行效率依然低下，导致土地违法行为繁生与农地非农化严重等诸多问题，已危及耕地与粮食安全。

（3）土地管理机构的职责范围　土地管理机构的职责范围主要表现为以下几个方面：①办理土地登记；②处理土地权属纠纷；③制止、查处土地方面的违法行为；④编制审批土地利用总体规划；⑤保护土地资源；⑥办理建设用地审批；⑦办理未利用地开发审批；⑧依法将国有土地出让、租赁、作价出资（入股）、收回。

（4）土地管理机构的设置模式　土地管理机构由人民政府设置，共分为四级：国务院土地行政主管部门，省（自治区、直辖市）人民政府土地行政主管部门，地（市）人民政府土地行政主管部门，县（区）人民政府土地行政主管部门。至于乡（镇）人民政府，一方面，必须履行土地管理职责；另一方面，法律没有明确规定乡（镇）人民政府必须设置专门的土地管理机构，是否设置专门的土地管理机构由乡（镇）人民政府决定。

2. 土地管理的方法

管理的方法可以概括为行政、法律、经济、技术方法等。

1)行政方法

行政方法指按照行政管理系统自上而下,通过行政命令、通知指示等方式。这是属于纯行政强制的方法,通常是在土地管理政策制定以后,通过行政命令或通知来发布和实施。如对于宅基地对外流转的问题,1999 年国务院办公厅发布的《关于加强土地转让管理严禁炒卖土地的通知》,该规定第一次明确指出:“农民的住宅不得向城市居民出售,也不得批准城市居民占用农民集体土地建住宅,有关部门不得为违法建造和购买的住宅发放土地使用证和房产证。”随后,《关于深化改革严格土地管理的决定》(国发〔2004〕28 号)、《关于加强农村宅基地管理的意见》(国土资发〔2004〕234 号)、《关于严格执行有关农村集体建设用地法律和政策的通知》(国办发〔2007〕71 号)等也陆续作出类似规定。

行政方法适用于解决土地管理过程中的具体问题或局部问题,具有较强的针对性和灵活性。

2)法律方法

法律方法指运用各种法律、条例和司法、仲裁等调整土地关系。这种方法适用于解决较宏观、影响范围较大,通常是全国性的题,具有较强的强制性和权威性,而且法律一经制定,应有较长期的解决问题的生命力、保证法律的相对稳定性。如土地管理法、物权法、房地产管理法、国有土地使用权出让和转让暂行条例、农村土地承包法、海岛保护法等。

3)经济方法

经济方法是指根据土地管理过程的客观经济规律,充分运用价格、税收、信贷、利息、利润、工资、奖金等。比如,耕地占用税、闲置费、土地增值收益调节金、土地有偿使用费。

4)技术方法

技术方法是指在土地管理过程中所采用的测量、计算、统计、分析、评估、预测等措施体系。如土地面积的测绘技术、土地利用的动态监测技术、土地信息的数据库管理技术、土地利用规划、计划的预测技术等。

3. 土地管理的路径

土地管理的垂直管理主要通过地方土地执法监察与国家土地督察相结合来实现。

1)土地执法监察和土地督察的概念

土地执法监察是指县级以上人民政府国土资源行政主管部门按照法定程序和方式,依法对本行政区域内土地管理法律、法规的执行情况进行监督检查,并对违法者实施法律制裁的活动。

土地执法监察的对象不仅包括土地管理的相对人,即与土地发生法律关系的单位或者个人,而且还包括享有土地征收和建设用地审批权的地方各级人民政府及代表政府行使土地管理权的国土资源行政主管部门。土地执法监察活动就是对土地管理者、土地所有者和土地使用者的活动及行为进行督促和检查。

土地督察是指国土资源部经国务院的授权,代表国务院对各省(自治区、直辖市)以及计划单列市土地利用和管理情况进行监督检查的活动。就性质而言,国家土地督察制度是国务院的一种授权行为,监督的对象是省级和计划单列市人民政府,当然也包括省级以下地方各级政府及政府的工作部门;监督的内容是政府的土地利用和管理行为,重点是耕地保护目标责任制的落实、土地调控政策的实施,以及与此密切相关的土地审批、土地执法等法定职责的履行情况。

总之,土地督察和土地监察作为国家土地管理制度中的重要组成部分,分别是土地行政监督权和土地行政执法权的体现。

2)土地执法监察和土地督察的区别

(1)主体不同　土地执法监察的主体是依法享有土地行政管理职权的县级以上人民政府土地行政主管部门,包括国土资源部,省、自治区、直辖市人民政府土地行政主管部门,设区的市、自治州人民政府土地行政主管部门和县级人民政府土地行政主管部门。而土地督察的主体则是国家土地总督察、向各地区派驻的国家土地督察局及国家土地督察专员。

(2)客体不同　土地执法监察的对象是管理相对人,即一切与土地发生法律关系的单位和个人,在一定的条件下,还包括地方各级人民政府及其土地行政主管部门;而土地督察的对象则是省级及计划单列市人民政府土地利用和管理情况。

(3)内容不同　土地执法监察的内容是对土地管理法律、法规的执行情况进行监督监察,并对违法者实施法律制裁。而土地督察的内容则是监督检查省级和计划单列市人民政府耕地保护责任目标的落实情况;监督省级和计划单列市人民政府土地执法情况;监督检查省级和计划单列市人民政府贯彻中央关于运用土地政策参与宏观调控要求情况;开展土地管理的调查研究,提出加强土地管理的政策建议等。

(4)职能权限不同　土地执法监察的职能是对土地管理法律、法规的执行情况进行监督监察,并对违法者的违法行为给予法律制裁包括给予违法者行政处罚和行政处分,而土地督察的职能权限则包括调查权、审核权、纠正权和建议权,二者最重要的区别就是是否拥有对监督检查客体违法违规行为的处罚权。土地督察机构区别于土地执法监察机构,不具有该种处罚权。根据中央与地方土地管理职权的划分,派驻地方的土地督察机构,坚持监督与调查研究并重,负责监督检查地方政府土地利用和管理情况,主要是对存在的问题向所驻地政府提出整改意见,不改变、不取代地方政府及其土地行政主管部门的行政许可、行政处罚等土地管理职权,不削弱地方政府现有土地管理职权,并确保地方政府土地管理职权有效行使。

五、土地管理主要法律法规

1. 基本法

(1)《中华人民共和国宪法》

(2)《中华人民共和国民法典》

2. 土地法律

(1)《中华人民共和国土地管理法》
(2)《中华人民共和国城市房地产管理法》
(3)《中华人民共和国农村土地承包法》

3. 相关法律

(1)《中华人民共和国水法》
(2)《中华人民共和国森林法》
(3)《中华人民共和国草原法》
(4)《中华人民共和国渔业法》
(5)《中华人民共和国矿产资源法》
(6)《中华人民共和国海岛保护法》
(7)《中华人民共和国海域使用管理法》
(8)《中华人民共和国湿地保护法》
(9)《中华人民共和国城乡规划法》
(10)《中华人民共和国长江保护法》

4. 土地行政法规

(1)《中华人民共和国土地管理法实施条例》
(2)《中华人民共和国城镇国有土地使用权出让和转让暂行条例》
(3)《中华人民共和国不动产登记暂行条例》
(4)《国务院关于中外合资企业建设用地的暂行规定》
(5)《中华人民共和国基本农田保护条例》

5. 部门规章及政策性文件

(1)《确定土地所有权与使用权的若干规定》
(2)《土地权属争议调查处理办法》
(3)《农村人民公社工作条例修正草案》
(4)《闲置土地处置办法》

除上述法规和政策性文件之外，全国各地根据宪法赋予的职责，根据各地在土地利用、开发、保护和经营方面的实际情况，纷纷制定了有关的地方性法规和政府规章。这些共同构成了土地管理的依据。

第二节　资源管理之土地用途管制制度

一、概述

1. 土地用途管制的目的与内容

土地用途管制制度是世界上一些土地管理制度较为完善的国家采用的一种土地利用管理制度。1997年中共中央、国务院联合下发的文件《关于进一步加强土地管理切实保护耕地的通知》(中发〔1997〕11号)首次提出“用途管制”。1998年修订的《土地管理法》规定“国家实行土地用途管制制度”。随后出台了《基本农田保护条例》、耕地占补平衡、严禁耕地非农化等一系列的政策法规。根据相关条款规定可知,我国土地用途管制制度主要包含以下内容:第一,建设占用土地涉及农用地的,应当办理农用地转用审批手续。农转非实行两级审批,涉及基本农田的由国务院批,除此之外,由省、自治区、直辖市批准。第二,禁止性规定及处罚规定。禁止占用耕地建窑、建坟或者擅自在耕地上建房、挖砂、采石、采矿、取土等。未经批准或者采取欺骗手段骗取批准,非法占用土地的,根据不同的情节,没收非法所得、处以罚款、构成犯罪的,依法追究刑事责任。《刑法》及《最高人民法院关于审理破坏土地资源刑事案件具体应用法律若干问题的解释》中明确提到情节严重的,以非法占用耕地罪予以处罚。由此可见,一直以来农转非是土地用途管制制度的主要内容。

用途管制在不同时期有不同的内涵要求。起初更多关注城乡之间农转非的用途改变,之后城市规划区内的建设用地开发也有相应的管制规则,如用地要取得建设用地许可证和建设许可证,有建筑密度、容积率、绿地率的要求,住宅改商业用途需要审批且补交出让金,闲置土地收取闲置费与收回的规定等,但对于城市规划区内建设的这些规定是相对分散的。随着农村土地细化管理现实需求以及土地治理体系化的科学要求,有必要在原有的基础上,丰富用途管制的内容,将农用地内部二级地类之间(如耕地变为林地、耕地非粮化)和建设用地内部二级地类之间(如工业用地改住宅用地、住宅用地改商业用地)用途改变、生态用地保护,以及建设用地容积率、土地闲置等统一纳入土地用途管制的范畴与体系。简而言之,用途管制内容应包括用途改变(土地利用类型改变)以及利用方式(强度、集约度等)两个层面。

2. 土地现状用途与土地规划用途

2017年《刑法》第三百四十二条、第二百二十八条规定的非法占用农用地罪、非法转让土地使用权罪,其判定入罪的标准所涉及的主要为“基本农田”“耕地”“林地”等概念,而这些概念或属于土地利用现状,或属于土地利用总体规划,概念需要弄清。

土地现状用途与土地规划用途是不同的。土地利用现状是土地的现时状态,土地利用总体规划是土地的未来状态。土地用途从现状用途到规划用途转变需要办理审批手续。如一地块现状为农用地,规划为建设用地,在未经批准并办理农用地转用审批手续前,土地的性质(用途)仍为农用地,不能擅自改变土地用途。

现状用途是判定违法用地的依据、标准。按照《土地管理法》相关规定,任何单位和个人使用土地，都必须按照原来批准的用途和性质使用；如果需要改变用途，必须重新申请经过批准方可。未经批准而改变土地用途的，即为违法用地。那么，原用途和原性质又如何来判定呢？实践中，地籍台账和土地规划都涉及土地性质，即地类问题。地籍台账记录的是现状地类，也就是当前状态下土地所属的地类；土地规划中的地类是规划地类。衡量是否属于土地违法行为，要依据土地利用现状调查或者地籍调查的用途确定，而不能依据规划的用途。土地利用现状调查或者地籍调查采用《土地利用现状分类》(GB/T 21010—2017)认定用途。

判定违法土地的性质，依据的是现状，但是不符合规划用途会影响违法案件的查处方式。非法占用土地进行建设，该活动是否符合规划，都应当处罚，但是处罚方式不同。根据2004年《土地管理法》第七十六条第一款的规定：未经批准或者采取欺骗手段骗取批准，非法占用土地的，由县级以上人民政府土地行政主管部门责令退还非法占用的土地。对违反土地利用总体规划擅自将农用地改为建设用地的，限期拆除在非法占用的土地上新建的建筑物和其他设施，恢复土地原状；对符合土地利用总体规划的，没收在非法占用的土地上新建的建筑物和其他设施，可以并处罚款；对非法占用土地单位的直接负责的主管人员和其他直接责任人员，依法给予行政处分；构成犯罪的，依法追究刑事责任。由此可见，是否符合土地利用总体规划，将直接影响到对涉案土地的处理方式。

二、土地用途改变的管理规定

1. 对农转非有严格的规定

2004年《土地管理法》对农转非的若干规定如下：

第四条：国家实行土地用途管制制度。国家编制土地利用总体规划，规定土地用途，将土地分为农用地、建设用地和未利用地。严格限制农用地转为建设用地，控制建设用地总量，对耕地实行特殊保护。使用土地的单位和个人必须严格按照土地利用总体规划确定的用途使用土地。

第四十四条：建设占用土地，涉及农用地转为建设用地的，应当办理农用地转用审批手续。

省、自治区、直辖市人民政府批准的道路、管线工程和大型基础设施建设项目，国务院批准的建设项目占用土地，涉及农用地转为建设用地的，由国务院批准。

在土地利用总体规划确定的城市和村庄、集镇建设用地规模范围内，为实施该规划而将农用地转为建设用地的，按土地利用年度计划分批次由原批准土地利用总体规划的机关批准。在已批准的农用地转用范围内，具体建设项目用地可以由市、县人民政府批准。

本条第二款、第三款规定以外的建设项目占用土地，涉及农用地转为建设用地的，由省、自治区、直辖市人民政府批准。

由此可见，农转用必须符合规划，规划用途是判断农转非的关键，且有严格的审批制度，限制农转非是土地用途管制的主要内容。

2. 对耕地保护有更多的规定

耕地保护的相关规定如下：

1)土地管理法

“保护耕地”明确写进了1998年修订通过的《土地管理法》，以立法的形式确认了土地基本国策的法律地位，成为我国第一个写进法律的基本国策。

2004年《土地管理法》第一条：为了加强土地管理，维护土地的社会主义公有制，保护、开发土地资源，合理利用土地，切实保护耕地，促进社会经济的可持续发展，根据宪法，制定本法。

2004年《土地管理法》第四章，耕地保护。

第三十六条：非农业建设必须节约使用土地，可以利用荒地的，不得占用耕地；可以利用劣地的，不得占用好地。禁止占用耕地建窑、建坟或者擅自在耕地上建房、挖砂、采石、采矿、取土等。禁止占用基本农田发展林果业和挖塘养鱼。

第七十四条：违反本法规定，占用耕地建窑、建坟或者擅自在耕地上建房、挖砂、采石、采矿、取土等，破坏种植条件的，或者因开发土地造成土地荒漠化、盐渍化的，由县级以上人民政府土地行政主管部门责令限期改正或者治理，可以并处罚款；构成犯罪的，依法追究刑事责任。

第七十六条：未经批准或者采取欺骗手段骗取批准，非法占用土地的，由县级以上人民政府土地行政主管部门责令退还非法占用的土地，对违反土地利用总体规划，擅自将农用地改为建设用地的，限期拆除在非法占用的土地上新建的建筑物和其他设施，恢复土地原状；对符合土地利用总体规划的，没收在非法占用的土地上新建的建筑物和其他设施，可以并处罚款；对非法占用土地单位的直接负责的主管人员和其他直接责任人员，依法给予行政处分；构成犯罪的，依法追究刑事责任。

2)农村土地承包法

2002年《农村土地承包法》第十六条规定：承包方享有下列权利：(一)依法享有承包地使用、收益和土地承包经营权流转的权利；(二)有权自主组织生产经营和处置产品；第十七条规定：承包方承担下列义务：(一)维持土地的农业用途，不得用于非农建设；(二)依法保护和合理利用土地，不得给土地造成永久性损害。

3)基本农田保护条例

2018年《基本农田保护条例》第十七条规定：禁止任何单位和个人在基本农田保护区内建窑、建房、建坟、挖砂、采石、采矿、取土、堆放固体废弃物或者进行其他破坏基本农田的活动。

禁止任何单位和个人占用基本农田发展林果业和挖塘养鱼。

2018年《基本农田保护条例》第三十三条规定：违反本条例规定，占用基本农田建窑、建房、建坟、挖砂、采石、采矿、取土、堆放固体废弃物或者从事其他活动破坏基本农田、毁坏种植条件的，由县级以上人民政府土地行政主管部门责令改正或者治理，恢复原种植条件，处占用基本农田的耕地开垦费1倍以上2倍以下的罚款；构成犯罪的，依法追究刑事责任。

4)刑法

2017年《刑法》第三百四十二条规定：违反土地管理法规，非法占用耕地、林地等农用地，改变被占用土地用途，数量较大，造成耕地、林地等农用地大量毁坏的，处五年以下有期徒刑或者拘役，并处或者单处罚金。

5）司法解释

根据2000年《最高人民法院关于审理破坏土地资源刑事案件具体应用法律若干问题的解释》第三条规定，违反土地管理法规，非法占用耕地改作他用，数量较大，造成耕地大量毁坏的，依照《刑法》第三百四十二条的规定，以非法占用耕地罪定罪处罚：

（1）非法占用耕地“数量较大”，是指非法占用基本农田五亩以上或者非法占用基本农田以外的耕地十亩以上；

（2）非法占用耕地“造成耕地大量毁坏”，是指行为人非法占用耕地建窑、建坟、建房、挖沙、采石、采矿、取土、堆放固体废弃物或者进行其他非农业建设，造成基本农田五亩以上或者基本农田以外的耕地十亩以上种植条件严重毁坏或者严重污染。

6）其他政策性规范文件

1987年农牧渔业部、国家土地管理局《关于在农业结构调整中严格控制占用耕地的联合通知》规定，农业内部结构调整应有计划地进行。严禁私自在承包的耕地中挖鱼塘、种果树、造林等。要严格控制占用耕地，要坚持林果上山、鱼塘下滩的方针。山区、半山区和丘陵地带林果要向山上发展，平原区栽果、造林要选在路边、田埂、渠坝、荒滩、村头、宅院等闲散的地方；实行林粮间作的，要保护粮食的持续增长；新开挖鱼塘要选择涝洼地、河滩、盐碱地和海涂等不适宜耕种的地方。因此，凡属于有计划地进行农业内部结构调整的挖鱼塘、栽果树和营造速生丰产林等占用耕地的，应当办理报批手续，经批准后按批准计划进行，即乡农业结构调整占用耕地计划需经县农业部门和土地管理部门审批，县农业结构调整占用耕地计划，由行署或市的农业、土地管理部门审批。省、自治区、直辖市每年农业内部结构调整占用耕地要编制计划。这一阶段，耕地经过审批后可以挖鱼塘、种果树、造林等，属于农业结构的调整。

2004年《国务院关于坚决制止占用基本农田进行植树等行为的紧急通知》，指出：不准占用基本农田进行植树造林、发展林果业和搞林粮间作以及超标准建设农田林网；不准以农业结构调整为名，在基本农田内挖塘养鱼、建设用于畜禽养殖的建筑物等严重破坏耕作层的生产经营活动；不准违法占用基本农田进行绿色通道和城市绿化隔离带建设；不准以限耕还林为名违反土地利用总体规划，将基本农田纳入退耕范围；除法律规定的国家重点建设项目以外，不准非农建设项目占用基本农田。凡在基本农田上进行植树造林（包括种植速生丰产林）、挖塘养鱼、绿色通道和城市绿化隔离带建设的必须立即停止和纠正。

2005年国土资源部等七部委《关于进一步做好基本农田保护有关工作的意见》中规定：基本农田上的农业结构调整应在种植业范围进行（在中国，种植业同林业、畜牧业、副业和渔业合在一起，为广义的农业）。任何单位和个人不得签订在基本农田上造林的合同；不准在基本农田内挖塘养鱼和进行畜禽养殖，以及进行其他破坏耕作层的生产经营活动。由此可见，在2004年之后基本农田种树已经是政策不允许的，不属于农业结构调整。

综上所述，耕地尤其是基本农田是用途管制的重点，不同时期有不同的政策要求。种植条件（耕作层）是否破坏以及破坏程度是进一步判定是否承担法律责任的关键因素。

三、土地闲置的管理规定

这里的土地闲置概念，不仅包括城市国有土地，还包括农村宅基地、耕地等。

1. 国有建设用地

1)《闲置土地处置办法》(2012 年)

《闲置土地处置办法》经 2012 年 5 月 22 日国土资源部第 1 次部务会议修订通过，自 2012 年 7 月 1 日起施行。该部门规章明确了闲置土地的处置办法。

第二条规定：本办法所称闲置土地，是指国有建设用地使用权人超过国有建设用地使用权有偿使用合同或者划拨决定书约定、规定的动工开发日期满一年未动工开发的国有建设用地(时间标准)。已动工开发但开发建设用地面积占应动工开发建设用地总面积不足三分之一或者已投资额占总投资额不足百分之二十五，中止开发建设满一年的国有建设用地，也可以认定为闲置土地(投资标准)。

第四条规定：市、县国土资源主管部门负责本行政区域内闲置土地的调查认定和处置工作的组织实施。上级国土资源主管部门对下级国土资源主管部门调查认定和处置闲置土地工作进行监管。

第十四条规定：未动工开发满两年的，由市、县国土资源主管部门报经有批准权的人民政府批准后，向国有建设用地使用权人下达《收回国有建设用地使用权决定书》，无偿收回国有建设用地使用权。闲置土地设有抵押权的，同时抄送相关土地抵押权人。

2)《城市房地产管理法》(2007 年)

第二十六条规定：以出让方式取得土地使用权进行房地产开发的，必须按照土地使用权出让合同约定的土地用途、动工开发期限开发土地。超过出让合同约定的动工开发日期满一年未动工开发的，可以征收相当于土地使用权出让金百分之二十以下的土地闲置费；满两年未动工开发的，可以无偿收回土地使用权；但因不可抗力或者政府以及政府有关部门的行为或者动工开发必需的前期工作造成动工开发迟延的除外。

2. 耕地及宅基地

1)《土地管理法》(2004 年)

第三十七条：禁止任何单位和个人闲置、荒芜耕地。已经办理审批手续的非农业建设占用耕地，一年内不用而又可以耕种并收获的，应当由原耕种该幅耕地的集体或者个人恢复耕种，也可以由用地单位组织耕种；一年以上未动工建设的，应当按照省、自治区、直辖市的规定缴纳闲置费；连续二年未使用的，经原批准机关批准，由县级以上人民政府无偿收回用地单位的土地使用权；该幅土地原为农民集体所有的，应当交由原农村集体经济组织恢复耕种。

2)《农村土地承包法》(2018 年)

第四十二条：承包方不得单方解除土地经营权流转合同，但受让方有下列情形之一的除外：(一)擅自改变土地的农业用途；(二)弃耕抛荒连续两年以上；(三)给土地造成严重损害或者严重破坏土地生态环境；(四)其他严重违约行为。

第六十四条：土地经营权人擅自改变土地的农业用途、弃耕抛荒连续两年以上、给土地造成严重损害或者严重破坏土地生态环境，承包方在合理期限内不解除土地经营权流转合同的，发包方有权要求终止土地经营权流转合同。土地经营权人对土地和土地生态环境造成的损害应当予以赔偿。

3)《基本农田保护条例》(2018 年)

第十八条：禁止任何单位和个人闲置、荒芜基本农田。经国务院批准的重点建设项目占用基本农田的，满 1 年不使用而又可以耕种并收获的，应当由原耕种该幅基本农田的集体或者个人恢复耕种，也可以由用地单位组织耕种；1 年以上未动工建设的，应当按照省、自治区、直辖市的规定缴纳闲置费；连续 2 年未使用的，经国务院批准，由县级以上人民政府无偿收回用地单位的土地使用权；该幅土地原为农民集体所有的，应当交由原农村集体经济组织恢复耕种，重新划入基本农田保护区。

承包经营基本农田的单位或者个人连续 2 年弃耕抛荒的，原发包单位应当终止承包合同，收回发包的基本农田。

4)《确定土地所有权和使用权的若干规定》(1995 年)

第五十二条：空闲或房屋坍塌、拆除两年以上未恢复使用的宅基地，不确定土地使用权；已经确定使用权的，由集体报经县级人民政府批准，注销其土地登记，土地由集体收回。

【拓展阅读】

1. 吴次芳，谭永忠，郑红玉．国土空间用途管制．北京：地质出版社，2020.

2. 自然资源部　农业农村部关于设施农业用地管理有关问题的通知．自然资规〔2019〕4 号．

3. 国土资源部　国务院扶贫办　国家能源局关于支持光伏扶贫和规范光伏发电产业用地的意见．国土资规〔2017〕8 号．

4. 自然资源部办公厅关于印发《国土空间调查、规划、用途管制用地用海分类指南(试行)》的通知．自然资办发〔2020〕51 号．

5. 黄征学，蒋仁开，吴九兴．国土空间用途管制的演进历程、发展趋势与政策创新．中国土地科学，2019，33(06)：1-9.

6. 国土资源部关于印发《自然生态空间用途管制办法(试行)》的通知，2017.

7. 水利部关于加强水资源用途管制的指导意见．水资源〔2016〕234 号．

8. 国务院办公厅关于坚决制止耕地“非农化”行为的通知．国办发明电〔2020〕24 号

9. 国务院办公厅关于防止耕地“非粮化”稳定粮食生产的意见．国办发〔2020〕44 号．

第三节　资产管理之土地产权制度

土地是一种重要的资产，在市场经济时代要开发、利用、流转，就首先需要有明晰的权属关系。土地权属即土地权利归属，涉及权利构成和权利类型。我国实行二元化的土地公有

制，即国家所有和集体所有。土地所有权、土地使用权、土地他项权利共同构成了我国的土地权利体系。土地所有权分为国有土地所有权、集体土地所有权；土地使用权分为国有土地使用权和集体土地使用权。所有权与使用权之外的权利称为土地他项权利，包括地役权、抵押权等。

一、土地所有权

1. 土地所有权的含义

土地所有权是土地所有制的核心，是土地所有制的法律表现形式，是土地所有者在法律规定的范围内自由使用和处分其土地的权利。或者说，土地所有权是土地所有者所拥有的、受到国家法律保护和限制的排他性的专有权利。一般认为土地所有权是一个权利束，包括土地占有权、土地使用权、土地收益权和土地处分权等。

(1)土地占有权　指对土地进行实际支配和控制的权利。土地占有权可以由土地所有人行使，也可以根据法律，以契约的形式依土地所有人的意志由他人行使。

(2)土地使用权　指土地使用者依法对土地进行实际利用和取得收益的权利。土地使用权和土地所有权既可结合，又可分离，即土地使用权既可由土地所有人自己行使，也可以从土地所有权中分离出来，由非所有人行使。

(3)土地收益权　指根据法律和契约取得土地所产生的经济利益的权利。尽管土地收益权是与土地使用权紧密相连的，但土地所有人在将土地使用权分离出去后，仍可以享有收益权。所以说，土地收益权是一项独立的权能，它是土地所有权的标志。土地所有人可以将土地的占有权、使用权，甚至部分处分权分离出去，而仅仅保留收益权。

(4)土地处分权　指土地所有人依法处置土地的权利，包括对土地的出租、出卖、赠送、抵押等，它决定了土地的最终归属，是土地所有权的核心。

以上 4 种权能，构成土地所有权的完整结构，它们可以相互结合，也可以相互分离，其中常见的是土地所有权和土地使用权的分离。土地所有权是通过国家制定法律、法令和其他规范性文件做出的规定来行使的。

2. 国有土地所有权的主体

我国国有土地所有权的唯一主体是国家，法律规定由国务院代表国家依法行使对国有土地的占有、使用、收益和处分的权利，并且授权县级以上地方人民政府或其职能部门行使管理权，这样就形成了“单一代表、分级行使”的所有权制度。

2004 年《土地管理法》第二条第二款规定：“全民所有，即国家所有土地的所有权由国务院代表国家行使”，这是我国单一代表制的体现。1990 年《城镇国有土地使用权出让和转让暂行条例》第九条规定：“土地使用权出让，由市、县人民政府负责”，第十一条规定：“土地使用权出让合同应当按照平等、自愿、有偿的原则，由市、县人民政府土地管理部门(以下简称出让方)与土地使用者签订”，则是分级行使制的体现。在实践中，长期以来，一直由市、县人民政府及其土地管理部门直接行使国有土地的收益权、处分权，并依法律规定报上级人民政府审批以及向上级人民政府上缴部分土地收益，这是分级行使的体现。但权利的行使或实施，并不等同于权利的归属。

3. 国有土地所有权的客体

不同阶段不同地区确权依据不同，主要的确权依据有：《土地管理法》《土地管理法实施条例》《确定土地所有权和使用权的若干规定》等。确认林地、草原的所有权或者使用权，确认水面、滩涂的养殖使用权，分别依照《森林法》《草原法》和《渔业法》的有关规定办理。

依据2014年《土地管理法实施条例》第二条，下列土地属于全民所有即国家所有：

(1)城市市区的土地 将城市市区限定为建成区，符合我国的实际情况。若扩大解释为城市规划区，则将与城市规划区内存在大量集体土地的现实不符。建成区，指市行政区范围内基础设施和地面建筑已经建成的地区。由于城市在不断发展，建成区的范围也在不断扩大。因此，“建成区”是一个动态概念。

(2)农村和城市郊区中已经依法没收、征收、征购为国有的土地 ①没收是指新中国成立初期对地主及官僚资本土地所有权的剥夺；②征收是指1982年《国家建设征用土地条例》施行前，国家依照法律规定的条件无偿地将集体或个人的土地收归国有的措施；③征购是指1982年《国家建设征用土地条例》施行前，国家依照法律规定的条件有偿地征用集体或个人土地的措施。

(3)国家依法征用的土地 征用是指1982年《国家建设征用土地条例》施行后，国家依照法律规定的条件将原属于农民集体所有的土地征为国有的措施，2004年以后改为征收。

(4)依法不属于集体所有的林地、草地、荒地、滩涂及其他土地 1995年《确定土地所有权和使用权的若干规定》第四条规定：依据1950年《中华人民共和国土地改革法》及有关规定，凡当时没有将土地所有权分配给农民的土地属于国家所有；实施1962年《农村人民公社工作条例修正草案》(简称《六十条》)，未划入农民集体范围内的土地属于国家所有。第十八条规定：土地所有权有争议，不能依法证明争议土地属于农民集体所有的，属于国家所有。

由上可见，凡不能确定为集体所有的林地、草地、荒地、滩涂及其他土地，均确定为国有。这里采用了国家土地所有权推定的制度。

(5)农村集体经济组织全部成员转为城镇居民的，原属于其成员集体所有的土地 1995年《确定土地所有权和使用权的若干规定》第十四条规定：因国家建设征用土地，农民集体建制被撤销或其人口全部转为非农业人口，其未征用的原农民集体所有的土地，归国家所有*。

(6)因国家组织移民、自然灾害等原因，农民成建制地集体迁移后不再使用的原属于迁移农民集体所有的土地。

4. 农民集体土地所有权的主体

我国农民集体土地所有权的主体是农民集体，具体又表现为“队为基础、三级所有”所有

* 2005年3月4日，《国务院法制办公室、国土资源部关于对〈土地管理法实施条例〉第二条第(五)项的解释意见》(国法函〔2005〕36号)明确对《土地管理法实施条例》第二条第(五)项作出如下解释：该项规定，是指农村集体经济组织土地被依法征收后，其成员随土地征收已经全部转为城镇居民，该农村集体经济组织剩余的少量集体土地可以依法征收为国家所有。因此，在城市建成区，即使绝大部分土地都已被征收，且村民已成建制转为居民，剩余少量的居民自用的宅基地的土地的权属性质仍然属于集体所有。

权制度。

2004年《土地管理法》中第十条规定:①农民集体所有的土地依法属于村农民集体所有的,由村集体经济组织或者村民委员会经营、管理;②已经分别属于村内两个以上农村集体经济组织的农民集体所有的,由村内各该农村集体经济组织或者村民小组经营、管理;③已经属于乡(镇)农民集体所有的,由乡(镇)农村集体经济组织经营、管理。

2007年《物权法》第六十条规定:对于集体所有的土地、森林、山岭、草原、荒地、滩涂等,依照下列规定行使所有权:①属于村农民集体所有的,由村集体经济组织或者村民委员会代表集体行使所有权;②分别属于村内两个以上农民集体所有的,由村内各该集体经济组织或者村民小组代表集体行使所有权;③属于乡镇农民集体所有的,由乡镇集体经济组织代表集体行使所有权。

相比国家所有权而言,集体土地所有权是“三大主体,三大代表,分别行使”。根据一物一权原则,三大主体之间无隶属关系,彼此之间相互平等。根据农业部2002年调查显示,农村集体土地所有权归行政村占有的39.6%,归村民小组占有的44.9%,行政村和小组共同占有的14.7%(不能确认是村或小组所有),其他形式占有的0.8%。

5. 农民集体土地所有权的客体

农村和城市郊区的土地,有下列情形之一且不属于2014年《土地管理法实施条例》第二条规定范围的,确定为农民集体所有,如下:

(1)土地改革时分给农民并发了土地所有证,现在仍由村或乡农民集体经济组织或其成员使用的;

(2)根据1962年《农村人民公社工作条例修正草案》的规定,已确定为集体所有的耕地、自留地、自留山、宅基地、山林、水面和草原等;

(3)不具有上述情形,但农民集体连续使用其他农民集体所有的土地已满20年的,或者虽然未连续使用满20年但经县级以上人民政府根据具体情况确认其所有权的;

(4)农村集体经济组织设立的企业或其他组织及成员持有集体建设用地使用权证的。土地所有权有争议,不能依法证明争议土地属于农民集体所有的一般属于国家所有。

【拓展阅读】

1. 徐增阳,杨翠萍. 合并抑或分离:村委会和村集体经济组织的关系. 当代世界与社会主义,2010(03):16-18.

2. 沈守愚. 土地法学通论(上下册). 北京:中国大地出版社,2002.

3.《城区范围确定规程》(TD/T 1064—2021).

二、土地使用权

1. 土地使用权的含义

土地使用权是指使用人根据法律、文件、合同的规定,在法律允许的范围内,对国家或集体所有的土地，享有占有、使用和收益及部分处分的权利。土地使用权可分为两类：①土地所有权人对自己拥有的土地所享有的使用权，称为所有权能的使用权，又称所有人的使用权；②非土地所有权人对土地享有的权利，称为与所有权相分离的使用权，又称非所有人的使用权。前者不是独立的权利，只是所有权的一项权能；后者则是一种独立的民事权利，是与所有权有关但独立于所有权的一种财产权利。通常所指的土地使用权是后一种权利，土地使用权分为国有土地使用权和农民集体所有土地使用权。

2. 土地使用权的主要类型

划拨国有土地使用权是土地使用者经县级以上人民政府依法批准，无偿取得的或者缴纳补偿、安置等费用后取得的没有使用期限限制的国有土地使用权。

出让国有土地使用权是土地使用者以向国有土地所有者代表支付出让金为代价而原始取得的有期限限制的国有土地使用权。

租赁土地使用权是土地使用者以按期向国有土地所有者支付租金为代价而原始取得的一定期限的国有土地使用权。

土地承包经营权是指农村集体经济组织成员或者其他单位、个人依法以承包或者租赁等方式取得的用于农、林、牧、渔等生产经营活动的有期限限制的集体土地使用权。

宅基地使用权是指经依法审批由农村集体经济组织分配给其成员用于建造住宅的没有使用期限限制的集体土地使用权。

三、土地他项权利

1. 土地他项权利的含义

土地他项权利是在土地所有权和土地使用权以外，依法律、合同或者其他合法行为设定的土地权利。包括抵押权、承租权以及法律、行政法规规定需要登记的其他土地权利。

1989年国家土地管理局制定的《土地登记规则》第二条第一次正式采用了土地他项权利的用语。《确定土地所有权和使用权的若干规定》中也曾多处提及土地他项权利。1995年《土地登记规则》第二条对土地他项权利作出解释，将其界定为土地使用权和土地所有权以外的土地权利。该条规定中土地他项权利包括抵押权、承租权以及法律和行政法规规定需要登记的其他土地权利。

简而言之，我国的土地他项权利有如下特点：

(1)土地他项权利是在他人土地上享有的权利　也就是说，土地他项权利的客体是他人土地所有权、使用权的客体。在这种情况下，土地他项权利不仅有对抗一般人的效力，即能够排斥其他任何人的不法干涉和妨碍，而且有特别对抗土地所有权人、使用权人的效力，即能够对后者的某些权利行使加以必要的限制。

(2)土地他项权利的主体是土地所有权人、使用权人以外的，与土地所有权人、使用权人之间存在着某种法律关系的民事主体。这些关系可以是法律、行政法规设定的，也可以是法律行为(当事人之间的协议)或者其他合法行为设定的。建立这些法律关系的共同目的，就是维护他项权利人对该土地享有的某种合法利益。

(3)土地他项权利不受一物一权主义的限制。在同一土地上，只能有一个所有权，并且这个所有权只能派生一个土地使用权，但是这并不妨碍在同一土地上设立多种甚至同种多个的他项权利。例如，一块土地，其四邻均享有通行权，其使用权人可将其分段出租，也可以在其上设置数个抵押权。所以，土地他项权利可以同时满足多种的和多人的土地利用需求。

(4)土地他项权利依存于土地所有权、使用权，又是对该所有权、使用权的一种限制。这种限制表现为他项权利人对土地为某种利用行为的权利，或者他项权利人请求土地所有权人、使用权人在利用该土地时为某种行为或不为某种行为的权利。

2. 土地他项权利的法律关系主体和客体

1995 年《确定土地所有权和使用权的若干规定》中规定的当事人实际上是指土地他项权利取得合同一方的土地他项权利人和另一方的土地所有权人、土地使用权人。土地他项权利是在已经确定了土地所有权和土地使用权的土地上享有的权利，以土地所有权和土地使用权的存在为前提，通常以土地所有权和土地使用权的客体为客体。权利人可依一定方式自土地所有权人、土地使用权人取得土地他项权利，从而与土地所有权人、土地使用权人之间产生某种法律关系，如土地使用权抵押关系、租赁关系。

第二章

土地用途管制相关案例

第一节　土地用途改变的案例

一、承包地种植核桃树是否合规

1. 基本案情

因种植传统农作物的经济效益较低，一些省（自治区、直辖市）结合本地的自然地理条件，发展连片种植，在原来种植玉米等传统农作物的承包地上种植了核桃树。种植初期，农民还可在承包地中进行套种。但当核桃树完全挂果后，就无法进行套种了，这就改变了原来的土地用途。在这种情况下，土地利用类型是否发生改变？此类承包地的承包期限是否需要重新确定？

2. 专家观点

（1）农用地承包方有权自主经营，但须维持农业用途　2002 年《农村土地承包法》第十六条规定：承包方享有下列权利：①依法享有承包地使用、收益和土地承包经营权流转的权利；②有权自主组织生产经营和处置产品；第十七条规定：承包方承担下列义务：①维持土地的农业用途，不得用于非农建设；②依法保护和合理利用土地，不得给土地造成永久性损害。据此可知，对于承包方所承包的土地，只要不对土地造成永久的损害，且维持农业用途，是可以根据需要在合理范围内进行调整的。连片种植行为是在符合《土地管理法》和《基本农田保护条例》规定、不破坏耕地种植力的前提之下，所进行的促进承包方增收的措施，是合法合理的行为，是可行的。

（2）禁止占用基本农田发展林果业，非基本农田承包地的农业结构调整属于种植业范围的是可行的　要特别注意的是，此类型承包地种植结构的调整，不能在基本农田上进行。原国土资源部等七部委《关于进一步做好基本农田保护有关工作的意见》（2005 年）提出"不准在基本农田内挖塘养鱼和进行畜禽养殖，以及其他破坏耕作层的生产经营活动；基本农田上的农业结构调整应在种植业范围内进行"。《土地管理法》和《基本农田保护条例》也都规定禁止占用基本农田发展林果业和挖塘养鱼。这是因为土壤耕作层养分含量比较丰富，是作物高产的最基本条件，且形成时间长，具有一定的不可再生性，须特别注意保护土壤耕作层不受破坏。由此可见，对土壤的耕作层不产生破坏是某项生产经营活动能否在基本农田上开展的一项重要标准。所以类似核桃树连片种植时，要根据耕地的类型，在符合法律法规的基本规定下进行。本例中，选择连片种植的作物是核桃树，虽仍属于农业范围，但在一定程度上对土地造成较大影响，发展时须避开基本农田。

(3)类似如连片种植核桃树的后期管理，在承包地仍保持耕地性质时，可不改变土地的承包期限　2002年《农村土地承包法》第二十条规定：耕地的承包期为30年，草地的承包期为30～50年，林地的承包期为30～70年；特殊林木的林地承包期，经国务院林业行政主管部门批准可以延长。第三十一条规定：承包人应得的承包收益，依照继承法的规定继承。林地承包的承包人死亡，其继承人可以在承包期内继续承包。核桃树的种植，从开始种植到核桃树长成、挂果、盛果等是一个长期的过程，较传统作物的收种期限要长，承包方投入成本更高，承担的风险也较高。但只要还保留耕地的性质，承包期限还是按照耕地来计算。如果将耕地调整为林地，才能适用林地承包期的特殊规定。

3. 案例评析

分析此类案例需要弄清以下几个概念、几个问题。

(1)土地利用类型与土地用途的概念区别　2004年《土地管理法》第四条：国家实行土地用途管制制度。国家编制土地利用总体规划，规定土地用途，将土地分为农用地、建设用地和未利用地。农用地是指直接用于农业生产的土地，包括耕地、林地、草地、农田水利用地、养殖水面等；建设用地是指建造建筑物、构筑物的土地，包括城乡住宅和公共设施用地、工矿用地、交通水利设施用地、旅游用地、军事设施用地等；未利用地是指农用地和建设用地以外的土地。

土地利用类型(地类)是按照土地的主导用途、利用方式等进行划分的，如土地可以分为农用地、建设用地、未利用地，耕地又可以分为灌溉水田、望天田。具体地类划分结果见《土地利用现状分类》标准(GB/T 21010—2017)。因此，在这里土地用途与土地利用类型是同义词。

(2)种农作物改为种核桃是否算作用途(土地利用类型)的改变　回答这个问题应以《土地利用现状分类》作为主要判断依据。《土地利用现状分类》以及全国第二次土地调查规程中提到，耕地是指种植农作物的土地，包括熟地、新开发、复垦、整理地、休闲地(轮歇地、轮作地)；以种植农作物(含蔬菜)为主，间有零星果树、桑树或其他树木的土地；平均每年能保证收获一季的已垦滩地和海涂。耕地中还包括南方宽度<1.0米、北方宽度<2.0米固定的沟、渠、路和地坎(埂)；临时种植药材、草皮、花卉、苗木等的耕地，以及其他临时改变用途的耕地。按照此规定，下列土地确认为耕地：

①种植农作物的土地。农作物包括粮食作物、经济作物、饲料作物及蔬菜作物等。粮食作物包括稻类、麦类、杂粮类、豆类和薯类等。经济作物包括纤维类、油料类、糖料类等。饲料作物指纯牧区以外的饲料类、绿肥作物等。

②不同耕作制度，种植和收获农作物为主的土地。耕作制度主要包括轮作、间作、混作、套作(也称套种)、轮歇等。

③耕地被临时占用的土地。由于季节、经济利益、暂时需要等原因，在耕地上临时种植苗圃(育苗地)、草皮、花卉、果树、桑树、药材等土地。

综上所述，按照《土地利用现状分类》及第二次土地调查的具体要求，案例中提到的由种植农作物改为种植核桃（套种农作物），主导用途由农作物改为核桃，但如果是由于季节、经济利益、暂时需要等原因，应该将此类情况认定为用途不变，仍然认定为耕地。

按照《土地利用现状分类》及全国第三次土地调查的要求，则有不同的认定结果。2019年自然资源部对于土地调查提出了新要求。将《第三次全国国土调查实施方案》《第三次全国国土调查技术规程》原规定调查为耕地，并标注为"临时种植园木""临时种植林木""临时坑塘""观赏园艺""速生林木"和"绿化草地"的地块，不再按耕地调查，而按实地现状调查地类。具体调整为：对原标注为"临时种植园木""临时种植林木"和"临时坑塘"的地块，分别细化调查为果园、茶园、其他园地、乔木林、灌木林、其他林地、坑塘水面等地类，标注"即可恢复"属性，即清理后可直接恢复耕种。按照这个新的要求，案例中提到的种植核桃树则应定性为园地，不再属于耕地。

综上所述，按照现行的分类标准及政策要求，案件中提到的情况应属于用途的改变，由耕地调整为林地，承包期限也应相应变化。

（3）应考虑是否涉及基本农田　对于该地块是基本农田的，如果改变用途，可依据2004年《国务院关于坚决制止占用基本农田进行植树等行为的紧急通知》、2005年国土资源部等七部委《关于进一步做好基本农田保护有关工作的意见》等政策分析处理。如果是基本农田，是禁止种树的。

另外，按照土地管理法、刑法等用途管制要求，耕作层或是种植条件破坏的，还应承担相应的法律责任。但涉及破坏的标准及鉴定机构等问题，具体的操作标准各地不尽相同。

二、耕地上种树是否破坏种植条件

1. 基本案情

2010年12月12日，协管员向某县国土资源局反映，A村几户村民在自家承包的责任田内挖坑栽树，且此风有蔓延之势。经查，现场是一块由省级公路主干道和沙河围成的三角区域，面积约40亩，距公路百米范围内为一般耕地，其余为基本农田。靠近公路的地里已经密密麻麻栽满了筷子粗的果树苗，平均1米多高。这些树苗一看就是仓促之际栽植的，正常的树苗栽植株距和行距都要大于2米，这些树苗的株距和行距却不到20厘米。远离公路的地里，几个村民正在挖树坑。

调查人员告知挖坑的村民："这是基本农田，种树是禁止的。"村民说："我们也不想栽树。可你们看，这巴掌大一块地，路边的人都种上树了，将来势必影响作物生长和耕作，我们这地还能好好种吗？我们找过村里反映，村里管不了。只要能让他们拔了，我们就不栽。"问及栽树的村民，他们理直气壮地说："这是一般耕地，可以种树。再说了，我们这是苗圃，也不会影响别人种庄稼的。"一位知情村民悄悄告诉调查人员："前几天有人在这里进行测绘，引起了村民的注意。后来就有传言，称这里的地将被征收，土地一旦被征收，地里的植物就会得到相应的补偿。栽得越多，获赔就越多。"

2. 处理意见

本案是一起由村民臆猜征地引发的突击栽树行为，情况比较复杂。该如何处理，县国土局在讨论中形成两种意见。

一种意见认为，2018 年《基本农田保护条例》第十七条规定：禁止任何单位和个人占用基本农田发展林果业和挖塘养鱼。第三十三条又规定了具体罚则：对违反规定，占用基本农田建窑、建房、建坟、挖砂、采石、采矿、取土、堆放固体废弃物或者从事其他活动破坏基本农田、毁坏种植条件的，由县级以上人民政府土地行政主管部门责令改正或者治理，恢复原种植条件，处占用基本农田的耕地开垦费 1 倍以上 2 倍以下的罚款；构成犯罪的，依法追究刑事责任。因此，在基本农田栽树的行为可以认定为从事其他活动破坏基本农田、毁坏种植条件的行为。但本案中，处于基本农田范围之内的农户刚刚开始挖坑，违法情节轻微，如能主动终止违法行为，恢复土地原状，可免于行政处罚。对于在一般耕地内栽树的农户，法律无明文禁止性规定，土地管理部门处理于法无据。但相邻地块农户的诉求也应重视，可协调乡镇政府责成该村村委会进行制止。

另一种意见认为，在一般耕地内栽树，法律法规无禁止性条款；对在基本农田栽树的行为，虽然有禁止性条款，但此类行为是否属于破坏耕地、毁坏种植条件的行为，法律法规没有明确规定，适用《基本农田保护条例》第三十三条实施行政处罚显然牵强。因此，土地管理部门可采取的手段主要包括加强宣传教育，但对耕地内栽树的行为最终还要靠地方政府和村委会解决问题。另外，受影响的相邻地块的农户也可以侵权为由向法院提起民事诉讼。

3. 专家观点

在一般耕地上种果树、造林等行为属农业内部结构调整范畴，土地管理部门不宜直接处理。

根据 1987 年农牧渔业部、国家土地管理局《关于在农业结构调整中严格控制占用耕地的联合通知》的规定，认为在耕地上种树的行为，仍属农业生产活动，不宜将其认定为“破坏种植条件”的行为。但因其违反了《农村土地承包法》等法律法规，土地管理部门可与发包方村委会协调，由村委会根据承包合同的约定追究承包人的违约责任，或由村委会以土地所有权人的身份，行使排除妨碍和损害赔偿请求权。如果因种树而产生了遮光、土肥流失等问题，影响了相邻土地上农作物的正常成长，相邻的农户也可起诉，要求排除妨碍。

另外，对于在基本农田里种树等土地管理法律法规明确禁止但未直接规定相应法律责任的行为，土地管理部门可向行为人下发《责令履行法定义务通知书》，告知其违法了《土地管理法》第三十六条规定的法定义务，要求其自觉履行法定义务。

4. 案例评析

不同时期有不同的政策要求，分析案例时要以当时法律政策为依据。

可以结合上述第一个案例的分析思路，结合当地政策，尤其是耕地破坏鉴定的办法做出具体的处理意见。

三、耕地用于养殖是否属于破坏耕地行为

1. 基本案情

有位村民，未经批准，以农业生产内部结构调整为由，私自在自家承包的耕地上建养猪场。县土地局执法人员发现时，该村民已用砖块和混凝土建成一层粗坯封顶的管理房一间（占地面积 24 米^2），猪舍一整排（占地面积 123 米^2）及围墙，导致 147 米^2 的耕地种植条件遭到严重破坏。

2. 处理意见

县土地局依法立案调查，在履行完调查取证、现场勘验、听证告知等一系列程序后，拟对该村民进行行政处罚。在案件讨论会上，形成了两种不同意见。第一种意见认为，该村民未经批准，擅自占用耕地建养猪场，但由于养猪场用地属农业用地，其行为只违反了 2004 年《土地管理法》第三条之规定，应以非法占地论处；依照 2004 年《土地管理法》第七十六条和 2014 年《土地管理实施条例》第四十二条之规定，作出没收在非法占用的土地上新建的建筑物和其他设施，并处罚款的行为处罚。第二种意见认为，该村民未经批准，擅自占用耕地建养猪场，导致 147 米^2 的耕地种植条件受到严重破坏，其行为已经违反了 2004 年《土地管理法》第三十六条第二款之规定，应以构成破坏耕地论处，依照 2004 年《土地管理法》第七十四条和 2014 年《土地管理法实施条例》第四十条之规定，作出责令限期拆除在非法占用的耕地上建设的全部建筑物，恢复耕地原状，并处罚款的行政处罚。经过讨论，县土地局采纳了第二种意见。

3. 专家观点

该案件可以从以下几个方面判定：

(1)看违法行为侵害的客体　该村民所占用的土地是耕地，这是受法律重点保护的。2004 年《土地管理法》第三十六条和第七十六条，分别对几种破坏耕地的行为作出禁止规定和处罚规定。从本案看，该村民不仅占用了耕地，而且导致了 147 米^2 耕地的种植条件（耕地的质量）受到了严重破坏。可见，该村民实施的违法行为侵害的客体是耕地。

(2)看违法行为构成的事实　该案的关键，不在于其行为是否属农业范畴，而应看其行为是否对耕地的种植条件构成破坏。该村民在耕地上用混凝土和砖块兴建养猪场，耕地质量受到严重破坏，其行为符合认定为破坏耕地行为的标准（即耕地质量是否遭到破坏）。该村民要建养猪场，必须事先向有关机关提出申请，在获得批准后，方可动工建设，否则，就是非法占地。而破坏耕地行为的前提，就是未经批准，擅自占用耕地。该村民的行为，既符合破坏耕地行为的标准，又符合破坏耕地行为的前提，所以，其行为应以破坏耕地予以认定。

(3)看违法行为造成的后果　该村民虽然有非法占地的情节，但这仅仅是违法的一种形式，其违法的后果却是导致耕地质量受到严重破坏。破坏耕地的行为一般有三种表现形式：一是在耕地上建窑、建坟；二是未经有关机关批准，在耕地上建房、挖砂、采石、采矿、取土等，使土地的种植条件遭到破坏；三是因土地开发造成土地沙化、盐渍化。本案当事人的行为属

于第二种形式，根据以违法行为造成的社会后果追究法律责任的原则，对本案的当事人，应予以破坏耕地行为论处。

(4)看法律条款的适用　2004 年《土地管理法》第三十六条和第七十六条，分别对保护耕地作了特别规定。该村民未经批准，擅自在耕地上实施建房等行为，不仅非法占用了耕地，而且导致耕地质量受到严重破坏。其行为应优先适用特别条款，即按 2004 年《土地管理法》第三十六条第二款和第七十六条之规定，以破坏耕地行为(违法)予以认定，而不认定为非法占地。

4. 案例评析

(1)非法占地、破坏耕地行为与破坏耕地罪的区别　2005 年国土资源部出台《查处土地违法行为立案标准》。用列举法对非法占用地、破坏耕地违法行为进行了定义。

非法占地类土地违法行为包括：未经批准或者采取欺骗手段骗取批准，非法占用土地的；农村村民未经批准或者采取欺骗手段骗取批准，非法占用土地建住宅的……

破坏耕地类土地违法行为包括：占用耕地建窑、建坟，破坏种植条件的；未经批准，擅自在耕地上建房、挖砂、采石、采矿、取土等，破坏种植条件的；非法占用基本农田建窑、建房、建坟、挖砂、采石、采矿、取土、堆放固体废弃物或者从事其他活动破坏基本农田，毁坏种植条件的……

综上所述，非法占用行为是破坏耕地行为的基础，如果在此基础上造成种植条件破坏则为破坏耕地行为。

刑法及司法解释提到的非法占用耕地罪，是指占用数量较大且种植条件严重毁坏或者严重污染的情况，也即耕地破坏罪。因此，只有破坏耕地行为的程度与规模超过此标准后就可以定性为耕地破坏罪。

(2)案例中的行为涉及行政处罚还是刑事责任　2004 年《土地管理法》第七十四条：违反本法规定，占用耕地建窑、建坟或者擅自在耕地上建房、挖砂、采石、采矿、取土等，破坏种植条件的，或者因开发土地造成土地荒漠化、盐渍化的，由县级以上人民政府土地行政主管部门责令限期改正或者治理，可以并处罚款；构成犯罪的，依法追究刑事责任。

2018 年《基本农田保护条例》第三十三条：违反本条例规定，占用基本农田建窑、建房、建坟、挖砂、采石、采矿、取土、堆放固体废弃物或者从事其他活动破坏基本农田，毁坏种植条件的，由县级以上人民政府土地行政主管部门责令改正或者治理，恢复原种植条件，处占用基本农田的耕地开垦费 1 倍以上 2 倍以下的罚款；构成犯罪的，依法追究刑事责任。

综上所述，对于破坏耕地的处罚应该有两种情节：占用耕地破坏种植条件的，轻的限期改正或治理、罚款；重的标准则是刑法中提出的数量较大且破坏严重，应追究刑事责任。因此，案例中的行为应当属于前者，如果符合规划则应收回及罚款，不符合规划则拆除。

(3)养殖设施是否属于非农建设　为适应现代农业发展需要，促进设施农业健康有序发展，2010 年国土资源部、农业部下发《关于完善设施农用地管理有关问题的通知》(国土资发〔2010〕155 号)，明确了设施农用地管理有关要求和支持政策。

从有利于支持设施农业和规模化粮食生产发展、规范用地管理出发，将设施农用地具体划分为生产设施用地、附属设施用地以及配套设施用地。其中，规模化养殖中畜禽舍(含场区内通道)、畜禽有机物处置等生产设施及绿化隔离带用地属于生产设施用地。

设施农业用地按农用地管理。生产设施、附属设施和配套设施用地直接用于或者服务于农业生产，其性质属于农用地，按农用地管理，不需办理农用地转用审批手续。

合理控制附属设施和配套设施用地规模。规模化畜禽养殖的附属设施用地规模原则上控制在项目用地规模7%以内（其中，规模化养牛、养羊的附属设施用地规模比例控制在10%以内），但最多不超过15亩；水产养殖的附属设施用地规模原则上控制在项目用地规模7%以内，但最多不超过10亩。

按照用途管制的要求，按照2005年耕地保护的政策，不准在基本农田内进行畜禽养殖。如果破坏耕地种植条件还要受到相应的处罚。设施农用地政策以及养猪用地政策出台后，如何规范养殖用地的行为，如何界定是否破坏耕地，成为一个新的现实问题。

四、非法占用耕地的行为是否构成非法占用耕地罪

1. 基本案情

某公司非法圈占耕地（一般农田）41亩，实际毁坏耕地面积7.87亩（指建筑物压占、挖损的面积），其余撂荒。国土资源主管部门经调查取证后，依据2004年《土地管理法》第七十六条、2017年《刑法》第三百四十二条、2000年《最高人民法院关于审理破坏土地资源刑事案件具体应用法律若干问题的解释》第三条等规定，认为该案已经涉嫌构成非法占用耕地罪。在向公安机关移送案件时，公安机关认为：该案虽说圈占耕地41亩，但实际毁坏一般耕地面积不足10亩，尚未达到刑事立案标准，且种植条件严重毁坏或者严重污染须经有资质的机构或组织认定，故不予受理并立案。其后，国土资源主管部门以非法圈占耕地41亩、实际毁坏7.87亩给予该公司行政处罚，在法律救济期限届满后申请人民法院强制执行时，审判机关却认为：该案虽只毁坏一般耕地7.87亩，但实际圈占耕地面积已达41亩，已经达到涉嫌非法占用耕地罪的立案标准，不应只给予行政处罚，而不追究该公司及其直接责任人的刑事责任。

请问：对于该案，公安机关和审判机关的说法是否成立？法律所设定的构成土地犯罪和“造成耕地大量毁坏”的面积到底应如何理解和界定？是否造成耕地种植条件严重毁坏或者严重污染应该由何机构或组织来认定？实际圈占耕地面积与实际毁坏耕地面积到底应怎样实施行政处罚？

2. 专家观点

对于非法占用耕地罪，国土资源主管部门可在立案查处的基础上，依据2004年《土地管理法》第七十四条、第七十六条，2017年《刑法》第三百四十二条和2000年《最高人民法院关于审理破坏土地资源刑事案件具体应用法律若干问题的解释》第三条等规定，对违法占用耕地者实施行政处罚、移送公安机关侦查，追究当事人的刑事责任。类似的情况还有非法转让土地使用权罪、非法批地罪和非法低价出让国有土地使用权罪，国土资源主管部门均可依据上述法律和司法解释对当事人涉嫌土地犯罪的行为移送公安或检察机关，追究其主要负责人和直接责任人的刑事责任。

对提及的第一个问题，个人比较同意公安机关的说法，即违法占用耕地的当事人实际毁

坏 7.87 亩，尚未达到非法占用耕地罪的立案标准，应当给予拆除或者没收、并处罚款的行政处罚。

对所提的第二个问题，专家以为，所谓涉嫌土地犯罪，是指当事人违反土地管理法律法规的实体规定或者程序规定，干扰、冲击甚至破坏正常的土地管理秩序，造成出现法律禁止或限制的行为或状态等法律后果的情形。其主体为从事违反土地管理法律法规规定的具体行为或者活动的单位和个人，客体是当事人违法（犯罪）行为所指向的耕地等土地及其上的土地权利。主观方面是违法当事人有违反土地管理法律法规、从事违法（犯罪）行为的主观故意或过失，客观方面是违法当事人的违法行为干扰、冲击或者破坏了正常的土地管理秩序。至于“造成耕地大量毁坏”的面积怎样来界定，《最高人民法院关于审理破坏土地资源刑事案件具体应用法律若干问题的解释》第三条第一款第（二）项已明确规定，不再赘述。

对提出的第三个问题，根据国土资源部、公安部、最高人民检察院《关于国土资源行政主管部门移送涉嫌国土资源犯罪案件的若干意见》（国土资发〔2008〕203 号）中“需要对耕地破坏程度进行鉴定的，由市（地）级或者省级国土资源行政主管部门出具鉴定结论”的规定，对造成耕地种植条件严重毁坏或者严重污染的认定主体依然明确，目前尚缺乏具体的认定程序和操作机构、人员、规则等，亟待在今后的工作中逐步探索，加以建立和完善。

对提到的第四个问题，专家认为，对刚刚开始违法占用耕地，进行地坑基础等施工建设的，原则上以实际占用或者毁损耕地的面积给予处罚，或者移送公安机关立案侦查。这是因为，在此情形下，可以通过拆除、复垦等手段恢复耕种条件；对已经建成或者即将建成地上建筑物、构筑物，导致耕地种植条件无法恢复的，可以按非法圈占的面积给予行政处罚或者移送。

3. 案例评析

首先，应明确法律依据。判断这起案例是否属于非法占用耕地罪，主要的依据就是《最高人民法院关于审理破坏土地资源刑事案件具体应用法律若干问题的解释》。其已经有明确的判断标准：一是数量大小；二是破坏程度。案例中某公司非法圈占耕地（一般农田）41 亩，实际毁坏耕地面积 7.87 亩（指建筑物压占、挖损的面积），需要对破坏的耕地面积进行鉴定，而且要鉴定破坏的程度。就案例本身的描述很难定性其是否满足非法占用耕地罪的条件。

其次，明确耕地破坏程度鉴定技术标准。国土资源部、最高人民检察院、公安部 2008 年联合发布的《关于国土资源行政主管部门移送涉嫌国土资源犯罪案件若干意见》（国土资发〔2008〕203 号）文件中规定：需要认定耕地破坏程度的，可以向国土资源行政主管部门提出申请，由国土资源行政主管部门出具鉴定结论。各地有具体的操作办法，如海南国土资源厅 2018 年研究制定了《海南省耕地破坏鉴定技术规范（试行）》。该规范明确了耕地破坏的情形、耕地破坏程度、耕地破坏鉴定机构等内容。其中，耕地破坏程度分为轻度、中度、重度三个等级。构成下列条件之一的为耕地重度破坏：①在耕地上硬化、建设建筑物或构筑物的；②在耕地上挖砂、取土采石、采矿、剥离耕作层等，造成耕地耕作层破坏 20 厘米以上，种植条件遭毁坏无法耕种的；③堆放或抛洒有毒、有害物品和其他污染物，造成农作物无法种植的。在耕地上硬化、建设建筑物或构筑物的属于重度破坏。由此可以判断 7.87 亩属于严重破坏，但对于其他的耕地，还需要由专业的、有资质的机构进行现场鉴定。

此外，在鉴定前还需要判断占用的耕地是否属于设施农业的范围，设施农业用地是允许有一定比例的农业建设用地配套的，这部分土地是按照农用地来管理的。除之以外的土地需要再进行现场鉴定。

五、耕地租赁给砖厂是否属违法

1. 基本案情

某村召开村民会议，在超过三分之二以上村民代表同意的情况下，村民组组长代表组里同村砖厂签订了土地租赁协议，将 6 户农民正在耕种的 5 亩责任田租给砖厂取土。6 户不同意，但砖厂负责人扬言要用推土机除掉地上的农作物。请问上述协议是否有效？

2. 案例评析

小组同村砖厂所签订土地租赁协议无效，无效理由如下：

第一，土地租赁协议未经批准。2004 年《土地管理》第十五条第二条款规定：农民集体所有的土地由本村集体经济组织以外的或个人承包经营的，必须经村民会议三分之二以上成员或三分之二以上村民代表同意，并报乡（镇）人民政府批准。小组同砖厂所签土地租赁协议虽系双方真实意思的表示，且经村民会议三分之二以上代表同意，但未经乡人民政府批准，违反上述规定。

第二，未办理土地用途变更手续。2004 年《土地管理法》第十二条规定：依法变更土地权属和用途的，应当办理土地变更手续。砖厂在耕地上取土制砖，改变了土地的用途，未经变更登记，因而是违法的。

第三，在耕地上建窑违反了 2004 年《土地管理法》第三十六条第二款关于“禁止占用耕地建窑、建坟或者擅自在耕地上建房、挖砂、采石、取土等”的禁止性规定。

砖厂基于无效协议占地取土是违法行为。如其强行占用，可依据《农村土地承包法》第五十一条之规定，向法院起诉，要求组里履行土地承包合同义务，还可依该法五十三条“任何组织和个人侵害承包方的土地承包经营权的，应当承担民事责任”的规定向人民法院提起侵权诉讼，要求砖厂停止侵权，赔偿损失。

六、集体建设用地改变用途如何处罚

1. 基本案情

2012 年 9 月，国土资源执法人员在巡查中发现，A 村正在建设住宅楼，便要求村委会负责人郭某提供用地手续。郭某拿出了一本集体土地使用权证，批准用途为工业，使用权人为 A 村村委会。执法人员在现场勘测后，认定住宅楼建设用地确实在该证批准的用地范围内，但是改变了土地用途，随即填写了责令停止国土资源违法行为通知书，郭某拒绝签收。郭某认为，该用地是拆除有合法手续的旧工厂后腾退出来的，土地权属归村集体所有，在建设用地范围内建住宅楼安置村民不违法。

2. 相关法规

2004 年《土地管理法》第六十五条规定：有下列情形之一的，农村集体经济组织报经原批准用地的人民政府批准，可以收回土地使用权：①为乡（镇）村公共设施和公益事业建设，需要使用土地的；②不按照批准的用途使用土地的；③因撤销、迁移等原因而停止使用土地的。

第八十条规定：依法收回国有土地使用权当事人拒不交出土地的，临时使用土地期满拒不归还的，或者不按照批准的用途使用国有土地的，由县级以上人民政府土地行政主管部门责令交还土地，处以罚款。

3. 分歧观点

本案争议的焦点在于集体建设用地改变用途能否给予行政处罚。《土地管理法》中对国有土地改变用途的行政处罚有明确规定，但没有明确集体建设用地改变用途如何处理。

第一种观点认为，既然土地使用证上批准的用途是工业，而现在建设的是住宅楼，显然改变了原批准的土地用途，而且该宗地上的建筑物已经自然灭失，现属于新占地建设，应重新审批。没有重新审批就建房，应当给予行政处罚。2004 年《土地管理法》第六十五条规定：为乡（镇）村公共设施和公益事业建设，需要使用土地的，不按照批准的用途使用土地的，因撤销、迁移等原因而停止使用土地的，农村集体经济组织报经原批准用地的人民政府批准，可以收回土地使用权。因此，可以责令 A 村改正不按照批准用途使用土地的违法行为，收回土地使用权并处罚款。

第二种观点认为，A 村所建住宅楼使用权人没有改变，批准用地位置没有改变，土地使用权证也没有注销，即使改变了原批准土地用途也不能给予行政处罚。2009 年《行政处罚法》第三条规定：没有法定依据或者不遵守法定程序的，行政处罚无效。《土地管理法》只对国有土地使用权改变用途规定了处罚条款，而对其集体土地使用权改变用途没有明确规定处罚条款，故对集体土地使用权改变用途的处理缺乏法律依据。而且，收回土地使用权的前提是农村集体经济组织申请。该案中，A 村并没有提出收回土地使用权申请，故不能给予行政处罚，可责令 A 村提出申请，由相关科室为其办理变更土地用途。

第三种观点认为，未经批准改变土地用途是违法行为。2004 年《土地管理法》第五十九条规定：乡镇企业、乡（镇）村公共设施、公益事业、农村村民住宅等乡（镇）村建设应当符合土地利用总体规划和土地利用年度计划，并依照有关规定办理审批手续。但现行《土地管理法》仅对违反土地利用总体规划擅自将农用地改为建设用地情形的处罚作出规定，而对在农用地之间或在建设用地之间的非法改变土地用途的处罚未作出规定。尽管如此，也不能否认其他情形的非法改变土地用途的违法性，这是由于制度上的缺陷造成的，是当时历史条件的局限。综上所述，A 村改变土地用途是违法行为，但本案不宜以违法改变土地用途为由进行处罚，而应以未经批准非法占有土地为由，根据 2004 年《土地管理法》第七十六条的规定进行处罚。

第四种观点认为，2004 年《土地管理法》第五十九条至第六十二条对集体建设用地的使用用途作了规范，即集体建设用地适用于乡镇企业、乡（镇）村公共设施、公益事业、农村村民住宅等乡（镇）村建设。2004 年《土地管理法》第六十五条对集体建设用地改变用途的处置是：由农村集体经济组织报经原批准用地的人民政府批准，可以收回土地使用权。这个条款在土地执法实践中很难落实。因为村集体经济组织受经济利益驱动，已经把乡（镇）企业用地改变用途建设成住宅楼或其他经营性项目，并从中获取了经济利益，不可能再报批人民政府予以收回。但对于集体建设用地改变用途这个问题，如果不认真研究加以解决，危害特别突出：一是冲击到了《土地管理法》的权威；二是由于所建楼房无法办理房产证，致使群众的切身利益受到损害；三是影响到了当地的土地管理秩序；四是因当事人没有缴纳土地出让金，将造成国有资产的严重流失。

第五种观点认为，A 村在集体建设用地范围内建设住宅的行为，违反了《城乡规划法》的规定，是一种违法建设行为，应当按照《城乡规划法》的规定，由乡(镇)人民政府给予处罚。2008 年《城乡规划法》第四十一条规定，在乡、村庄规划区内进行乡(镇)企业、乡村公共设施和公益事业建设的，建设单位或者个人应当向乡(镇)人民政府提出申请，由乡(镇)人民政府报城市、县人民政府城乡规划主管部门核发乡村建设规划许可证。第六十五条规定，在乡、村庄规划区内未依法取得乡村建设规划许可证或者未按照乡村建设规划许可证的规定进行建设的，由乡(镇)人民政府责令停止建设、限期改正；逾期不改正的，可以拆除。

4. 案例评析

本案焦点是 A 村建设行为是否违法，具体来讲，就是是否在改变用途上是违法的，判定依据应是我国的土地用途管制制度。但现行土地用途管制制度重在农转非、耕地保护，有关集体建设用地用途改变的规定甚少，而且规定相对分散。分析这一案例，应全面梳理相关法律条款再作出处理意见。

梳理后发现，对于工业用地(乡镇企业用地)擅自改变用途如何处罚没有明确规定，相关规定散落在《土地管理法》、2005 年国土资源部出台《查处土地违法行为立案标准》以及《城乡规划法》中。

《查处土地违法行为立案标准》明确规定，不按照批准的用途使用土地的属于非法占地类的违法行为。按照《土地管理法》《城乡规划法》相关条款，集体建设用地用途需要符合规划，且按照规定办理审批手续；改变用途时集体经济组织可以依法收回；或由乡、镇人民政府进行查处。因此，案例中执法人员的处理决定是有法可依的。

七、工业用地水面养鱼是否属改变用途

1. 基本案情

2012 年 1 月，A 市 B 木材公司与张某签订租赁合同，将甲水库租赁给张某养鱼，租赁期限为 2 年，年租金 1.2 万元。合同签订后，张某在甲水库实施取渔作业，被 A 市渔政监督管理局以非法捕捞进行立案查处。同时，该局认为 B 木材公司涉嫌不按批准用途使用土地，致函 A 市国土资源局要求予以查处。

经查，B 木材公司所持有的国有土地使用证，土地使用权类型为作价出资入股，批准用途为工业用地，其中甲水库约占总登记面积的四分之一，在土地登记资料中标注为“水上贮木场”，是直接为 B 木材公司工业生产服务的附属设施用地，其四至范围及实际地类已明确载明在所涉国有土地使用证附图等相关土地登记资料中，且在历史上形成了临湖涨水时成湖面、退水时成水库或坑塘的客观事实，在“水上贮木场”中未进行过动工建设行为。在内部案件会审会议上，就 B 木材公司是否构成不按批准用途使用土地的违法行为产生了两种观点。

2. 专家观点

第一种观点认为,B木材公司构成不按批准用途使用土地的违法行为。《土地管理法》明确规定,国家实行土地用途管制,将土地分为农用地、建设用地和未利用地。对建设用地的土地用途,通过在土地出让合同或土地划拨批文中加以明确。在以往的土地出让合同中,一般采用的是土地的二级分类,凡未经原审批机关批准,实际用途与土地出让合同中规定的用途不一致的,都应认定为擅自改变用途。本案中,“水上贮木场”的批准用途为工业用地,就只能用于工业配套设施服务,而不得擅自变更,必须按照批准用途来正确合理地使用土地,未经批准将其改为养殖之用,明显违反了2004年《土地管理法》第八十条的规定,属于不按批准用途使用国有土地的行为。

第二种观点认为,B木材公司不构成未按批准用途使用土地的违法行为。国家实行土地用途管制的核心是:严格限制农用地转为建设用地,控制建设用地总量,对耕地实行特殊保护。根据《国有企业改革中划拨土地使用权管理暂行规定》(原国家土地管理局第8号令)的规定,本案所涉的国家作价出资(入股)的土地使用权由B木材公司持有,可以依照土地管理法律、法规关于出让土地使用权的规定转让、出租、抵押。本着尊重历史、照顾现实的原则,本案所涉的“水上贮木场”在成因和现状上存在着特殊性,一方面属于B木材公司堆放生产物资的水上附属设施工业用地,另一方面又一直保持其“水库水面”或“坑塘水面”的原有自然属性,而“水库水面”或“坑塘水面”在土地利用分类中并不属于工业用地的范畴,而属于水域及水利设施用地,在一级分类上属于农用地的范畴。B木材公司将“水上贮木场”按原始状态出租给第三人的行为,由其按“水上贮木场”的“水库水面”或“坑塘水面”的自然属性进行使用,不属于一般意义上的不按批准用途使用土地的违法行为。相关单位及人员在使用过程中,应当按照《水法》《渔业法》等相关法律法规执行,若相关单位及人员违反上述规定的,则依法应由渔政部门严格按照相关规定处理。

3. 案例评析

通过上述案例可知,用途管制制度的实施中会涉及规划用途、批准用途、现状用途,其中,规划用途是审批的主要依据,从而形成批准用途,现状用途须与规划用途、批准用途一致。另外,用途的分类需要按照国标如土地利用现状分类进行。

第二节 土地闲置的案例

一、因法院查封而闲置的国有土地是否可以收回

1. 基本案情

某市A公司于2012年通过挂牌出让方式,取得一块国有建设用地使用权,双方签订的《国有建设用地使用权出让合同》中约定开工时间为2013年7月16日,竣工时间为2016年

7 月 15 日。2013 年 A 公司因资金链出现断裂，土地因被法院查封一直没有开发。2016 年土地主管部门发现该地块疑似闲置，启动了闲置土地调查认定程序。但 A 公司答复该地块之前被法院查封，现在已经解封，正准备抓紧动工开发建设，由于该地块已经闲置满两年，土地主管部门对其是否必须作出收回决定存在困惑。

2. 专家观点

从合同规定方面，《国有建设用地使用权出让合同》规范文本中第三十二条规定：受让人造成土地闲置，闲置满一年不满两年的，应依法缴纳土地闲置费；土地闲置满两年且未开工建设的，出让人有权无偿收回国有建设用地使用权。从规定中可以看出，出让人有权无偿收回国有建设用地使用权，前提是同时满足土地闲置满两年和未开工建设。也就是说，虽然土地闲置满两年，但是若使用权人继续开发建设，出让人不应再作出无偿收回的决定。

根据 2012 年《闲置土地处置办法》第三条规定的闲置土地处置应当符合土地利用总体规划和城乡规划，遵循依法依规、促进利用、保障权益、信息公开的原则。因此，无论是司法查封期间形成的闲置土地，还是其他情形造成的闲置土地，如果土地闲置已满两年，使用权人愿意继续开发利用，且符合当时的土地利用总体规划和城乡规划，政府部门不应再作出无偿收回的决定，应当允许其按照规定缴纳土地闲置费后继续使用土地。

3. 案例评析

1)弄清闲置土地的定义

结合法律规定及合同规范文本表述，首先应弄清“未动工开发满两年的”“土地闲置满两年且未开工建设的”是不是表达同一意思？

2012 年《闲置土地处置办法》第二条：本办法所称闲置土地，是指国有建设用地使用权人超过国有建设用地使用权有偿使用合同或者划拨决定书约定、规定的动工开发日期满一年未动工开发的国有建设用地(时间标准)。已动工开发但开发建设用地面积占应动工开发建设用地总面积不足三分之一或者已投资额占总投资额不足百分之二十五，中止开发建设满一年的国有建设用地，也可以认定为闲置土地(投资标准)。

2012 年《闲置土地处置办法》中已经对闲置土地的认定有明确的界定：第一个标准是未动工和满一年，即闲置，闲置的前提之一即未动工，闲置两年即未动工两年，就应该收回。《国有建设用地使用权出让合同》的表述：“闲置满一年不满两年的，应依法缴纳土地闲置费；土地闲置满两年且未开工建设的，出让人有权无偿收回国有建设用地使用权。”与《闲置土地处置办法》是一致的。

另外，建议政策制定时尽量保持表述的一致性，以避免引起歧义或误读，或者补充条款说明，发生冲突时应以上位法为准。

2)法院查封是不是属于不可抗拒力

这一点也是本案例应该考虑的一个问题。2012 年《闲置土地处置办法》提出，但因不可抗力或者政府以及政府有关部门的行为或者动工开发必需的前期工作造成动工开发迟延的除外。法院查封是由于 A 公司资金链出现断裂引起的，即土地闲置的根本原因是公司自身。因此，不应该属于不可抗拒力。

3)处置方式可否有不同的解决措施

目前《闲置土地处置办法》对于政府、自身原因造成的闲置有不同的处置方式。但对于自身原因全部采取无偿收回是否合理值得思考。如取得土地后不进行开发就转让,属于投机行为,无偿收回合情合理,但对于其他原因闲置,如资金链条断裂,但使用权人愿意继续开发利用的,无偿收回势必会打击其积极性,能否采用延长动工开发期限的办法?

二、因政府原因而闲置的国有土地是否可以收回

1. 基本案情

原告江西华兴工贸公司于 2002 年 6 月 6 日通过出让方式取得一块面积为 42040.21 米^2 的国有土地使用权,并取得新干县建设局颁发的建设用地规划许可证和建设用地批准书。建设期限自 2002 年 6 月至 2003 年 6 月,其应建设厂房占地面积为 7600 米^2,办公楼占地面积为 600 米^2,职工宿舍占地面积为 1200 米^2。截至 2003 年 4 月,原告仅动工兴建了占地面积为 1706.3 米^2 的厂房一幢,此后一直未再进行开发建设。原告营业至 2004 年 1 月停业至今,2005 年 1 月 13 日被注销税务登记。

2005 年 7 月,被告县国土资源局对原告闲置土地的行为开始调查取证,并于同年 12 月 28 日举行了听证会。经县人民政府发文批准,被告于 2006 年 1 月 18 日作出《收回闲置土地使用权决定书》,决定依法收回原告受让的 42040.21 米^2 的国有土地使用权。原告随后申请行政复议,2006 年 4 月 11 日,吉安市国土资源局作出复议决定,维持被告作出的《收回闲置土地使用权决定书》。为此,原告遂诉至本院,请求撤销《收回闲置土地使用权决定书》。原告请求撤销被告作出的具体行政行为的主要理由为:①在其取得的 42040.21 米^2 的国有土地使用权范围有一条高压干线未能迁移,而根据其与金川镇人民政府、县计划委员会签订的协议规定,迁移高压干线的工作应由县计划委员会负责。高压干线未能及时迁移是其中止开发、建设的主要原因,是因政府行为造成的,其没有闲置土地的行为。②该公司取得的 42040.21 米^2 国有土地使用权,实际能利用的仅有 21021.89 米^2。公司已利用 7037.83 米^2(厂房 1859.69 米^2、旧办公楼 4813.57 米^2、围墙 364.57 米^2),已超过可利用面积的三分之一。因此,被告收回其国有土地使用权,不符合法律规定。

2. 专家观点

第一种意见认为,原告与金川镇政府、县计划委员会签订的协议中已明确约定“高压干线由新干县计委负责迁移”,但由于种种原因,横跨原告受让国有土地上空的高压干线一直未能迁移,影响了原告对该宗土地的开发建设,这是原告中止对土地开发建设的主要原因。而新干县计划委员会是政府的一个职能部门,其行为应认定为政府行为。因此,根据《闲置土地处置办法》第四条之规定,以及原告与被告签订的国有土地使用权出让合同第三十三条的规定,原告的行为并不构成闲置土地。因此,应依法撤销被告作出的收回国有土地使用权决定。

第二种意见认为,金川镇政府和县计划委员会并非法律所特指的享有土地行政管理职权的政府和职能部门,即使上述两者有未尽到合同义务的行为,也不构成行政法意义上的

“因政府、政府有关部门的行为……造成动工开发迟延的除外”的情形。为此，被告认定原告有闲置土地的行为，并依法决定收回土地使用权，符合法律规定，依法应当予以维持。

3. 案例评析

其一，1999年《闲置土地处置办法》第二条规定：本办法所称闲置土地，是指土地使用者依法取得土地使用权后，未经原批准用地的人民政府同意，超过规定的期限未动工开发建设的建设用地。具有下列情形之一的，也可以认定为闲置土地：已动工开发建设但开发建设的面积占应动工开发建设总面积不足三分之一或者投资额占总投资额不足百分之二十五且未经批准中止开发建设连续满1年的；本案中，原告自取得土地使用权后，其只动工建设了占地面积为1706.3米^{2}的厂房，占其开发建设总面积9400米^{2}的18.15%。并且自2003年4月底后，未经批准就一直中止对该宗土地的开展建设，2004年1月又停止了营业。因此，原告的行为已符合《闲置土地处置办法》第二条第二款“不足三分之一”和“中止开发建设连续满一年”的两项法定条件，属闲置土地的行为。

其二，原告称其“已利用面积”已超过要可利用面积的三分之一，是对法律法规规定的“三分之一”计算方式的理解错误，法律规定的是已开发建设的面积占应开发建设总面积的三分之一，并非规定已利用面积应达到总面积的三分之一。对原告这一观点，依法不予支持。

其三，原告称其中止开发建设的主要原因是因政府行为造成的观点，不符合法律规定，依法不能成立。1999年《闲置土地处置办法》第四条规定：“……但是，因政府或政府、政府有关部门的行为……造成开发迟延的除外。”这一规定中政府或政府有关部门，应当是特指具有土地行政管理职权的政府和政府有关部门，是指与行政管理相对人具有行政法律关系的政府和政府有关部门，而并非泛指一切政府和政府有关部门。本案中新干县金川镇政府和新干县计划委员会与原告签订的协议属民法调整范畴内的协议，并非行政合同，不受行政法调整它们之间的关系，属民事法律关系，而非行政法律关系。即使新干县金川镇人民政府和新干县计划委员会没有按协议约定迁移高压干线，其与本案原告之间的纠纷也属民事纠纷，属民法调整范畴。因此，对原告这一诉称理由，应当依法不予支持。

其四，从现场勘查的情况来看，该宗土地即便在高压干线尚未迁移的情况下，在原告已建成的厂房至高压干线之间仍有129.72米的空间可供开发建设，原告未进行合理开发建设，违反了其取得土地时应合理开发建设的承诺，也违反了土地应合理利用的法律规定。

因此，被告新干县国土资源局作出的收回闲置土地使用权决定，认定事实清楚，证据确实充分，程序合法，适用法律正确，依法应予以维持。

三、实际未交付的国有土地闲置如何处置

1. 基本案情

2012年12月6日，原告焦作市飞天置业有限公司（以下简称飞天置业公司）与被告温县国土资源局签订国有建设用地使用权出让合同一份。合同约定，由被告将编号为2012—08号宗地的国有建设用地使用权出让给原告，宗地交付时间为2013年6月26日前。原告对该宗地的建设项目应于2013年12月1日之前开工。合同签订后，原告按期足额付清了宗地全

部价款，并于2013年1月29日取得了国有土地使用权证。同年5月21日，原告向被告发函称近期准备对案涉宗地进行开发建设，拟在6月10日前接受该宗地，请求被告协调将该宗地上的青苗、农作物、建(构)筑物、坟山及一切临时建筑物清除干净，确保具备可以顺利开发建设的条件。被告收到该函件后未与原告协调处理此事。2014年12月3日，因涉及其他刑事案件，该宗地被司法机关查封。2016年7月5日，被告认定，原告取得土地使用权后未按照约定的期限及开发条件进行开发建设，至今未动工已满两年，认定上述土地为闲置土地。原告遂提出了造成土地闲置的原因主要是地上附着物至今未予清理、村民阻挠进地，土地未能按合同约定交付和被司法查封等要求撤销闲置土地认定书。后被告于2017年1月17日作出征缴土地闲置费决定书，认定由于原告自身原因导致涉案宗地未动工开发建设已满一年，对原告闲置土地征缴土地闲置费1700万元。原告不服，提起行政诉讼。

2. 法院裁判

河南省沁阳市人民法院经审理认为，被告在未对本案土地闲置原因是否属于2012年《闲置土地处置办法》第八条规定的有关情形进行调查核实的情况下，即作出征缴土地闲置费决定，违反了《闲置土地处置办法》的有关规定，属认定事实不清，证据不足，依法判决撤销被告温县国土资源局作出的征缴土地闲置费决定书，责令被告在法定期限内对原告飞天置业公司2012—08号宗地土地闲置原因重新调查、认定。

一审宣判后，被告向河南省焦作市中级人民法院提出上诉。焦作中院经审理后判决驳回上诉，维持原判。

3. 案例评析

本案中，被告温县国土资源局作出的征缴土地闲置费决定应予撤销，理由如下：

(1)关于土地的交付　土地权属登记解决的是土地物权的归属和利用的问题，并不能说明已经登记的土地就不会存在外在的影响其开发和利用的情况，因此原、被告双方签订的出让合同虽然约定了土地交付时间，但并未对交付土地时应达到的土地条件明确约定，不能当然认定取得土地使用证后即视为土地交付。

(2)关于国家征收土地闲置费的目的　国家征收土地闲置费是为了规范土地市场行为，防止相关权利人因自身的原因导致所取得的土地长期未开发，从而达到促进节约集约用地的目的。但是对于确实因客观原因导致无法开发土地的情况，国土资源主管部门应当进行调查核实，区分不同的情况予以相应的处理。具体来讲，2012年《闲置土地处置办法》第八条规定：有下列情形之一，属于政府、政府有关部门的行为造成动工开发延迟的，国有建设用地使用权人应当向市、县国土资源主管部门提供土地闲置原因说明材料，经审核属实的，依照本办法第十二条和第十三条规定处置：①因未按照国有建设用地使用权有偿使用合同或者划拨决定书约定、规定的期限和条件将土地交付给国有建设用地使用权人，致使项目不具备动工开发条件的；②因土地利用总体规划、城乡规划依法修改，造成国有建设用地使用权人不能按照国有建设用地使用权有偿使用合同或者划拨决定书约定、规定的用途、规划和建设条件开发的；③因国家出台相关政策，需要对约定、规定的规划和建设条件进行修改的；④因处置土地上相关群众信访事项等无法动工开发的；⑤因军事管制、文物保护等无法动工开发的；⑥因政府、政府有关部门的其他行为。因自然灾害等不可抗力导致土地闲置的，依照前款规定办理。

(3)本案情况　本案中，在飞天置业公司明确提出本案涉诉土地属于政府、政府有关部门的行为造成动工开发延迟并提供土地闲置原因说明材料的情况下，温县国土资源局应当按照《闲置土地处置办法》第八条的规定进行调查核实并作出处理，其在未调查核实的情况下即对飞天置业公司作出征收土地闲置费的决定显然不符合法律规定。综上所述，被告作出的征缴土地闲置费决定的具体行政行为，属认定事实不清，证据不足，依法应予以撤销。

四、耕地闲置是否可以收回

1. 基本案情

原告张老汉起诉称，1997 年初村内发包土地，原告分得 5 亩口粮田，并与村经济合作社签订了为期 30 年的土地承包合同。分得土地后，原告曾耕种了 2 年。2003 年，因原告到城里照顾无人看管的小孙子，便将土地交邻居代管。哪知村经济合作社以原告将所承包的土地撂荒为由强行将土地收回，使原告丧失了生活来源。故现将村经济合作社诉至密云法院，要求确认原告对上述承包地享有承包经营权，并判令被告返还上述承包地或赔偿原告 2002 年至 2027 年土地收益款 17430 元。

某村经济合作社辩称，张某承包土地后确实耕种了两年。但自 1999 年，张某嫌地力差，加之不愿支付当时个人应负担的土地五项统筹，使土地撂荒。村集体为保护耕地，充分利用土地资源，故将张某弃耕的土地收回并重新发包。村经济合作社行为符合规定，不同意张某诉讼请求。

当时依照 1999 年《最高人民法院关于审理农业承包合同纠纷案件若干问题的规定(试行)》，承包人弃耕抛荒的，村委会完全可以解除合同。且自 2000 年 1 月起距今已有数年，原告不可能不知道湖田已承包给他人。现原告见农民负担减轻，种田有利可图，才打起田的主意。因此请求法院驳回原告的诉讼请求。

2. 案例评析

由上述规定可见，对于承包地用途管制即农业用地用途管制的基本要求是，承包后、流转后均不得改变农业用途，即不允许农转非。代耕或代管是法律允许的，但对承包地的撂荒或闲置管制措施，在 1998 年的《基本农田保护条例》只针对基本农田有收回的规定；新修改后的《农村土地承包法》增加针对承包地闲置收回的条款，按照此规定，弃耕抛荒连续两年以上不论是基本农田还是一般耕地，发包方即村经济社是可以收回的。

2006 年取消农业税后，又增加了农机补贴等，但耕地抛荒或者闲置依然严重，新的条款是否对此现象有一定的遏制作用，还需要跟踪研究。

五、空闲宅基地是否可以收回

1. 基本案情

村民马某在本村河边有一处宅基地，1992 年区政府开展初始土地登记时，马某办理了宅基地证。1998年，马某宅基地上的房屋被洪水冲塌，他便拆除了垮塌的房屋，搬到村办工厂看大门，由于马某吃住在厂，其宅基地一直未恢复使用。2008年，马某过继了好友的儿子张某，并写下遗嘱，由张某继承自己所有的财产。2012年，马某去世，张某为他料理了后事。2013年，张某开始在马某留下的宅基地上建新房，被国土资源所工作人员巡查发现后叫停。张某不服，认为自己建房所占宅基地系合法继承而来，要求区国土资源局给个说法。国土资源工作人员告诉张某，原属马某的宅基地应由村集体收回，并报经区政府批准后，注销马某的土地登记，收回土地证书。

根据《中华人民共和国继承法》(以下简称《继承法》)的规定，遗产是公民死亡时所遗留的个人合法财产，公民可以立遗嘱的方式将个人财产赠给国家、集体或者法定继承人以外的人。因此，马某有权以立遗嘱的方式，将属于自己的合法财产遗赠给张某。但本案涉及问题如下：一是马某去世前对上述宅基地是否还拥有权利；二是宅基地使用权是否能单独继承；三是宅基上建房是否是自己说了算。

2. 案例评析

针对第一个问题，1995年《确定土地所有权和使用权的若干规定》第五十二条规定：空闲或房屋坍塌、拆除两年以上未恢复使用的宅基地，不确定土地使用权；已经确定使用权的，由集体报经县级人民政府批准，注销其土地登记，土地由集体收回。根据这一规定，虽然马某1992年领取了宅基地证，但从1998年房子被洪水冲塌，到2012年马某去世，其宅基地一直处于闲置状态，闲置时间远远超过了两年。因此，马某去世前已失去其原宅基地使用权。

至于第二个问题，按照2004年《土地管理法》第八条和第十一条的规定，宅基地依法属于农民集体所有，村民个人只能享有宅基地使用权。而宅基地使用权是特殊的用益物权，虽然继承人可以因为继承房屋而取得房屋所占宅基地的使用权，但它是一项不能单独继承的“特殊财产”。马某去世时，其宅基地上无任何房屋，所以，即使马某去世时拥有其宅基地的使用权，张某也不能单独继承这块宅基地。

第三个问题，传统的认识与做法是：宅基地是自己的“祖业”，闲置还是建房，均是自己说了算。对于农村建房报建没有统一的规定，各地的做法与实施时间不一。如海南省政府办公厅《关于加强农房建设规划报建管理工作的通知》要求，从2017年1月1日起，全省全面实施农房建设规划报建制度，做到农村房屋建设逢建必报。2018年《文昌市农村居民建房管理办法》明确了农村建房的程序。

《文昌市农村居民建房管理办法》第二章农村居民建房审批程序：

第六条　宅基地申请：农村居民建房须依照有关法律法规取得宅基地的集体土地使用权。非农业户口居民原有、继承或合法取得的农村房屋，房屋产权没有变化的，可以依法确定其房屋宅基地的集体土地使用权。

第七条　规划报建：文城镇主城区范围内(开发边界内)的农村居民自建房屋，由市规划主管部门审批核发《乡村建设规划许可证》；文城镇其他范围及其他镇辖区范围内的农村居民自建房屋，由镇人民政府审批核发《乡村建设规划许可证》，报市规划主管部门备案。

第八条　施工报建：文城镇主城区范围内(开发边界内)、其他镇区、历史文化保护区、风景名胜区和旅游规划区等控制性详细规划覆盖的区域内建房，且建筑面积大于400米^{2}或建筑工程投资额在50万元以上的，由市建设主管部门审批核发《建筑工程施工许可证》。

通过此案例应该明确同国有土地一样，宅基地闲置两年地是可以依法无偿收回；同时在自有的宅基地建房也需要报建，具体情况需要结合各地政策。

六、空闲宅基地的认定与处置

1. 基本案情

陈某是某村村民。1984 年 3 月，陈某的父亲以“一户四口”的名义，向村委会申请宅基地建房，当时的家庭成员是陈某的父母、陈某和陈某的妹妹。1986 年，陈某高中毕业，进入省城的一所大学上学，户口也随之迁到省城，转成了城镇户口。大学毕业后，陈某被分配到距家乡不远的一座城市的政府机关工作，结婚后一直在市里居住生活。

1989 年 5 月，陈某的妹妹结婚，户口也随之迁出，老家的住宅一直由陈某的父母居住。1996 年，陈某的父母相继去世，留下了老宅。由于老宅无人居住，年久失修，2003 年年初垮塌毁损。2007 年年底，该村村委会通知陈某，因其父母已经过世，村里按规定要收回这处老宅的宅基地使用权，要求陈某在规定时间内将宅基地上的附着物拆除清理，或是按规定将该处住宅转让给本村有宅基地使用权的村民，却遭到陈某的拒绝。

2. 法院裁定

村委会便诉至法院，要求法院判决陈某向村委会返还其老宅的土地使用权。被告陈某辩称，父母的房屋连同土地应作为遗产由自己继承，宅基地是其父母合法所得，完全应该作为遗产由自己继承，要求法院驳回村委会的诉讼请求。法院经过审理认为，宅基地使用权作为土地使用权的一部分，理所应当归当地的农村集体经济组织所有，村委会作为农村集体经济组织的代表，有权收回宅基地。所以，法院判决被告陈某将该宅基地使用权返还给村委会。

思考问题：农转非后宅基地使用权是否要退出？村委会是否有权收回宅基地？收回的程序是什么？老宅可以修缮吗？

3. 案例评析

1)什么情况下村委会有权收回

情形 1：2004 年《土地管理法》第六十五条规定：有下列情形之一的，农村集体经济组织报经原批准用地的人民政府批准，可以收回土地使用权：①(镇)村公共设施和公益事业建设，需要使用土地的；②不按照批准的用途使用土地的；③撤销、迁移等原因而停止使用土地的。

情形 2：根据 1995 年《确定土地所有权和使用权的若干规定》第五十二条，空闲或房屋坍塌、拆除两年以上未恢复使用的宅基地，不确定土地使用权。已经确定使用权的，由集体报经县级人民政府批准，注销其土地登记，土地由集体收回。

根据 1995 年《确定土地所有权和使用权的若干规定》规定，农村集体经济组织应当将下列宅基地收回：①空闲宅基地；②房屋坍塌两年以上未恢复使用的宅基地；③房屋拆除两年以上未恢复使用的宅基地。

2)收回前应由政府批准

村委会是集体土地所有权的代表,但不能由其直接收回。要由村委会代表集体经济组织报有相应权限的政府批准后,才可以收回。宅基地、公共设施和公益事业用地的用地审批权限如下:

2004 年《土地管理法》第六十一条规定:乡(镇)村公共设施、公益事业建设需要使用土地的,经乡(镇)人民政府审核,向县级以上地方人民政府土地行政主管部门提出申请,按照省(自治区、直辖市)规定的批准权限,由县级以上地方人民政府批准;其中涉及占用农用地的,依照本法第四十四条的规定办理审批手续。

第六十二条规定:农村村民住宅用地,经乡(镇)人民政府审核,由县级人民政府批准;其中涉及占用农用地的,依照本法第四十四条的规定办理审批手续。

3)继承的房屋一般不允许翻建等

根据 1995 年《确定土地所有权和使用权的若干规定》第五十二条,空闲或房屋坍塌、拆除两年以上未恢复使用的宅基地,不确定土地使用权。

宅基地具有一定的福利性质,其取得与集体经济组织成员资格有密切的关系,农转非后是否要退出宅基地,目前土地管理法的修订中有相关的表述。结合上述规定,目前对继承的房屋,一般不批准翻建,尤其不准重建、扩建,待房屋损坏(即不再具有使用价值)或拆除后,由集体经济组织依法收回宅基地。

农转非后宅基地使用权是否要退出、宅基地使用权能否继承,在后面权属案例中有专门的分析。

第三节　涉及多个部门用途管制的案例

一、应该按照什么用途批准这宗地

1. 基本案情

某县教育局申请新建县幼儿园项目。县规划局依据《城市用地分类与规划建设用地标准 2011》,认为幼儿园用地属于居住用地类的小项,故出具规划许可证明确土地用途为居住(R22)用地。而县国土局认为依据土地分类标准,幼儿园项目用地应该为科研教育用地。请问:土地管理部门应该按照什么用途批准这宗地?

2. 案例评析

按照《土地利用现状分类》(GB/T 21010—2017),幼儿园属于第八类中"公共管理与公共服务用地"的科教用地(083)。而按照《城市用地分类与规划建设用地标准》(GB 50137—2011),幼儿园属于第一类"居住用地"中的"服务设施用地"(R12)。显然两个国家标准是不一致的。在实际操作中,因为规划部门有一套标准体系,在出具的法律文书中也只按着城市用地分类标准,因此,为了避免造成困惑和法律文书的不一致,建议在确定划拨或出让土地的方案中,在地类性质"科教用地"后用括号注上"按照《城市用地分类与规划建设用地标准》，属于住宅用地的‘服务设施用地’(R12)”。

由上述案例可见，分类标准不统一给管理带来很多不便，亟待出台部门统一的分类标准；另外，由于幼儿园用地分经营性与非经营性的，以后分类中是否应考虑二者的不同，值得思考。

其实，属于何种地类及分类标准是否统一并不关键。幼儿园用地有经营性和非经营利性的两类，性质不同的供地方式不同，只要我们把握住供地方式，就不会给工作造成任何影响。

二、多部门土地分类对土地管理的影响

1. 基本案情

杭州某公司是家陶瓷名企，产品销路好、发展势头足。但原址因污染与居民矛盾很大，为了扩大再生产，拟搬迁至杭州余杭区星桥皋亭山、杭州有害固废管理中心东侧，原水泥厂和废弃的矿山，进行改造扩建。

消息传出后，附近群众反应强烈，尤其是项目南侧广厦天都城的居民集体上书，反对该项目上马建设。其原因主要包括：①与余杭区建设局发布的《杭州市固废中心项目周边(汤家村)地块控制性详细规划修编》(当时在征求意见阶段)不符，该规划中确定拟选址地块用地性质为二类工业用地，而陶瓷属于建材行业，为三类工业，因此不符合规划工业用地类型。②其瓷砖生产基地污染严重，生产过程中产生的含氟废气和粉尘，能使一公里内的植物枯萎；而破坏空气质量，能延续至数公里之外。③根据《杭州市城市总体规划(2001—2020年)》规定，临平城：依托余杭经济开发区(临平工业区)、杭州钱江经济开发区，形成大型综合性工业基地，主要发展能耗低、水耗小、技术先进的产业，如纺织、服装、轻工、机电一体化、食品工业……对位于临平城区内有污染的、影响临平城功能发挥的工业企业应逐步调整。因此，该区域不应发展如瓷砖生产等重污染行业。

为此，余杭区环保局于 2009 年 3 月 13 日召开了“企业拟搬迁地块规划用地性质专家咨询会”。与会专家认为，综合来看，项目应是好项目：

(1)从环保的角度来看　该项目并不是将原有工艺搬迁过来继续生产，而是采用先进的生产工艺，实行清洁生产，大大减少了污染物的排放。其中针对老百姓最担忧的含氟废气，采用了先进工艺进行碱洗处理，使绝大部分氟化物在排放前被去除，随烟气排放的氟化物，无论是在单一风向下的预测值，还是在考虑全年各种风向的联合频率下的预测值，均小于相关标准值，其清洁生产技术达到一级水平，在同行中应处于国内领先、国际先进的水平。选址符合余杭区生态环境功能区划。

(2)从该项目卫生防护距离来看　距南界最大 362 米，而距南面天都城足有 2000 米的距离，符合国家要求。再从风向上来说，即使是有一点污染，杭州主导风向是夏天吹东南风、冬天刮西北风，该项目位于天都城以北，最不利的是刮西北风，而此时住户门窗是紧闭的，影响较小。

(3)从发改部门的角度看　该项目采用国家发改委要求的煤代油技术，选用含硫量低于 1%的优质煤生产煤制气，符合国家清洁生产和有关煤转气的能源政策。它使用冷净水煤气作为燃料，与同类陶瓷生产企业使用柴油和重油作为燃料相比，可以大大降低项目 SO_2 的

排放量，减轻了环境负担。为此，通过易址改造提升，有利于技术进步，经济效益好、采用清洁能源、节约能源，符合产业政策。

(4)从土地管理部门的角度看　该项目利用水泥厂原址和废弃的矿山，不占用新的农田，符合节约耕地的国策。

(5)从规划部门的角度看　该址比较封闭，四周为山体，周边500米没有住区，相对影响小，且选址在固废中心的边上，有利于土地的集约利用。

2. 案例评析

从各部门的角度看，项目具有可行性且符合要求。问题的焦点集中在土地的分类方法以及如何理解国标二类工业用地性质的含义上。

根据《城市用地分类与规划建设用地标准》(GBJ 137—1990)，工业用地(M)可分为一类工业用地(M1)、二类工业用地(M2)、三类工业用地(M3)(表2-1)。工业用地有各种分类方法，如按工业性质或工业门类划分，优点是与国家有关工业的分类相一致，资料来源面广，容易获得统计数据，也便于分析工业的性质、产品、产值等，但在统计口径上往往与城市规划工作的要求不一致，也不适用于工业选址和用地管理工作，不能满足城市规划工作的需要。1990版国标按工业对居住和公共环境的干扰污染程度，将工业用地分成"一类工业用地"(对环境基本无干扰、污染和安全隐患)、"二类工业用地"(有一定干扰、污染和安全隐患)和"三类工业用地"(对环境有严重干扰、污染和安全隐患)三个种类。从标准的本意来看，划分工业用地分类的标准是"对环境干扰和污染的程度"，生产过程中产生的污染与经污染处理后排放的污染要区别考虑，而不是工业行业的分类。后面的用列举法列出了工业用地小类的范围，这容易引起人们理解的偏差。天都城的业主正是基于一种逻辑，从列举的建材工业是三类工业来反推，陶瓷企业归类既然属于建材行业，则二类工业用地上不能安排三类工业，这也有一定的道理。而规划部门在二类工业用地上安排实行清洁生产的陶瓷企业是符合标准制定的本意的。

表2-1　工业用地的分类标准(1990版国标)

类别代号		类别名称	范　围
大类	中类		
M		工业用地	工矿企业的生产车间、库房及其附属设施等用地，包括专用的铁路、码头和道路等用地，不包括露天矿用地，该用地应归入水域和其他用地(E)
	M1	一类工业用地	对居住和公共设施等环境基本无干扰和污染的工业用地，如电子工业、缝纫工业、工艺品制造工业等用地
	M2	二类工业用地	对居住和公共设施等环境有一定干扰和污染的工业用地，如食品工业、医药制造工业、纺织工业等用地
	M3	三类工业用地	对居住和公共设施等环境有严重干扰和污染的工业用地，如采掘工业、冶金工业、大中型机械制造工业、化学工业、造纸工业、制革工业、建材工业等用地

2011 版标准取消了 1990 版标准中列举具体行业分类的做法，原因在于考虑到随着科学技术的进步，某污染严重的行业可以通过技术改造减少污染甚至实现零排放。工业用地的分类按照表 2-2 标准执行。

表 2-2　工业用地的分类标准(2011 版国标)

类别代号		类别名称	范　围
大类	中类		
M		工业用地	工矿企业的生产车间、库房及其附属设施等用地，包括专用的铁路、码头和道路等用地，不包括露天矿用地
	M1	一类工业用地	对居住和公共环境基本无干扰、污染和安全隐患的工业用地
	M2	二类工业用地	对居住和公共环境有一定干扰、污染和安全隐患的工业用地
	M3	三类工业用地	对居住和公共环境有严重干扰、污染和安全隐患的工业用地

1990 版国标中“对环境干扰和污染的程度”的标准采用的是定性描述，缺乏量化标准。如对“有严重干扰和污染”与“有一定干扰和污染”及“基本无干扰和污染”没有量化指标来区别，也没有出台划定细则来进一步解释，容易造成公说公有理、婆说婆有理。2011 版国标工业用地种类根据工业具体条件及国家有关环境保护的规定与指标来确定，工业用地对居住和公共环境的干扰污染因素，主要包括噪声、烟尘、有害气体、恶臭、废渣、污水以及交通运输量等(表 2-3)。

表 2-3　工业用地的建设标准(2011 版国标)

参照标准	水	大气	噪声
	污水综合排放标准 (GB 8978—1996)	大气污染物综合排放标准 (GB 16297—1996)	工业企业厂界环境噪声排放标准 (GB 12348—2008)
一类工业企业	低于一级标准	低于二级标准	低于 1 类声环境功能区标准
二类工业企业	低于二级标准	低于二级标准	低于 2 类声环境功能区标准
三类工业企业	高于二级标准	高于二级标准	高于 2 类声环境功能区标准

第三章 土地权属管理相关案例

第一节 国有与集体土地所有权的案例

一、区政府是否具有用地审批权限

1. 基本案情

2009年,四川某区政府与汽车公司签订企业入驻协议。汽车公司据此投资建设。2011年,市政府以区政府非法批准用地为由责令汽车公司归还土地。2015年,汽车公司因未能入驻工业园,诉请赔偿其经评估认定的投资损失2700万余元。

思考问题:区政府具有审批主体资格吗?协议是否有效?企业的做法是否正确?企业、区政府、市政府各自的问题在哪里?

2. 案例评析

1)区政府没有审批国有土地使用权的主体资格

理由如下:

2004年《土地管理法》第五十三条规定:"经批准的建设项目需要使用国有建设用地的,建设单位应当持法律、行政法规规定的有关文件,向有批准权的县级以上人民政府土地行政管理部门提出建设用地申请,经土地行政主管部门审查,报本级人民政府批准。"

《四川省〈中华人民共和国土地管理法〉实施办法》第四条第一款规定:省人民政府土地行政主管部门负责全省土地的统一管理和监督工作。市、州、县级人民政府土地行政主管部门负责本行政区域内土地的统一管理和监督工作。其中,设区的市城市规划区内的土地由市人民政府土地行政主管部门统一管理和监督。第三十六条规定:具体建设项目需要使用土地利用总体规划确定的城市建设用地范围内的国有建设用地的,其供地方案除国家和省批准的由省人民政府批准外,其他建设项目的供地方案由市、州、县级人民政府批准。

2)双方所签协议无效

1999年《中华人民共和国合同法》(以下简称《合同法》)规定,符合法律法规是合同生效的前提。法律规定区政府没有审批权限,因此区政府与企业所签行政协议违反法律法规强制性规定。《合同法》规定:导致合同无效,应按各自过错承担相应损失赔偿责任。区政府因其共同违法行为，造成了汽车公司财产损失，应承担一定责任。

二、河道属于国有还是集体所有

1. 基本案情

1985 年，镇安县改河工程占用了镇城村三组集体土地 1.2 亩，工程竣工后，改河工程指挥部将原来河道回填整理，返还给镇城村三组 1.2 亩土地，作为改河过程中的补偿。

在核发该宗土地权属证书的过程中，根据原国家土地管理局 1995 年 3 月 11 日颁布的《确定土地所有权和使用权的若干规定》第十一条"河道堤防内的土地和堤防外的护堤地，无堤防河道历史最高洪水位或设计洪水位以下的土地，除土改时已将所有权分配给农民，国家未征用，迄今仍归农民集体使用的外，属于国家所有"的规定，将该宗土地定为国有土地。但城镇村三组村民不接受这一定性，他们认为原先的 1.2 亩土地已变成河道，返还的 1.2 亩土地只是位置发生了变化，即从甲地兑换到了乙地，土地的数量没有发生变化，土地权属性质也不应该变化，并认为国土局的上述定性侵犯了农民的合法权益，应当予以纠正。

该宗土地所有权为国家所有还是集体所有？究竟该如何定性？

2. 专家观点

1)确权应根据实际情况而定

由于河道改建，现有河道的走势可能发生改变，成为护堤地。如果是护堤地，确权时应适用 1995 年《确定土地所有权和使用权的若干规定》第十一条的规定，以国有土地所有权予以确认；如果不是护堤地，应适用《确定土地所有权和使用权的若干规定》第十二条"水利工程管理和保护范围内未经征用的农民集体土地仍属于农民集体所有"的规定，以集体土地所有权予以确认。

如果该地一直由镇城村三组使用，其使用年限已有 20 年之久，根据 1995 年《确定土地所有权和使用权的若干规定》第二十条"村农民集体所有的土地，按目前该村农民集体实际使用的本集体土地所有权界线确定所有权"的规定，这块地的所有权应当归集体。

改河工程指挥部将原来河道回填整理后形成的土地返还给镇城村三组作为补偿，属于以地换地行为。按现行土地管理法律法规的规定，县级以上地方人民政府才有行使土地管理的权限，而改河工程指挥部是个临时机构，根本不具备主张土地调整和交换的权利。因此，改河工程指挥部实施的土地调整和交换行为缺乏合法性，也由此给现在土地所有权的确认带来不便。

综上所述，该问题应按 2004 年《土地管理法》和国土资源部第 17 号令《土地权属争议调查处理办法》的有关规定进行处理。

2)该宗地应属国家所有

该宗地是 1985 年镇安县实施改河工程时由原来的河道回填整理得来的，要定性该宗地的土地所有权，只需定性原河道土地的所有权即可。依据 1995 年《确定土地所有权和使用权的若干规定》第十一条的规定，原河道土地的所有权理应属国家所有，该宗地是由原来河道回填整理开发出来的，仅仅是土地用途发生了变化，因此该宗地还是国有土地。

国有土地可以由农民集体长期使用，但不能因此而改变土地所有权的性质。虽然原来改河工程指挥部将该宗地划给镇城村三组，作为改河过程中的补偿，但不能改变该宗土地属于国家所有的性质。

如果 1985 年镇安县实施改河工程时占用镇城村三组的 1.2 亩集体土地未按《国家建设征用土地条例》(1982)办理征地手续，那么，依据 1995 年《确定土地所有权和使用权的若干规定》第十六条规定，现在可由镇安县人民政府根据具体情况按当时规定补办征地手续，以维护农村集体经济组织和农民的利益，确保农村社会稳定。

3)这块地属农民集体所有

认为该宗地应确权给镇城村三组集体所有，理由如下：

首先，从争议土地的现状来看，该宗地应当确定为集体所有。争议土地因为改河工程的实施，已经由原来的河道通过回填整理，变成了耕地，即原来的河道已不存在。而土地确权应当按照确权时土地现状来确定土地权属关系。既然河道已不存在，就不能适用原国家土地管理局 1995 年 3 月 11 日颁布的《确定土地所有权和使用权的若干规定》第十一条的规定，以争议土地曾经是河道就认定属国家所有。2004 年《土地管理法》第八条第二款规定：农村和城市郊区的土地，除法律规定属于国家所有的以外，属于农民集体所有。法律并未规定曾经是河道的土地是国有土地。所以，该宗地不宜确定为国有土地。

其次，从物权的角度来看，以国有土地的使用权来交换集体土地的所有权是不公平的。改河工程占用的是镇城村三组享有所有权的集体土地 1.2 亩，而返还给镇城村三组的却是只有使用权的 1.2 亩国有土地。农民集体对这 1.2 亩国有土地没有所有权。如果这块地属划拨国有土地，遇到征地时，农民就得不到补偿费；如果这块地属于出让性质，则有使用期限，期限一到就不能继续使用。可见，以国有土地使用权换等面积的集体土地所有权，农民集体确实吃了亏。所以，农民认为国土局将这块地定性为国有土地侵犯了其合法权益是有一定道理的。

按照国土资源部 2003 年 1 月 13 日发布的《土地权属争议调查处理办法》第三条“调查处理土地权属争议，应当以法律、法规和土地管理规章为依据。从实际出发，尊重历史，面对现实”规定的权属争议处理原则，结合《土地管理法》第八条的规定，将这块地确定为集体土地更为合情、合理、合法。

3. 案例评析

对争议土地是否属于集体土地，应从事实本身来寻找法律依据。

前面案例中明确提道：“工程竣工后，改河工程指挥部将原来河道回填整理，返还给镇城村三组 1.2 亩土地，作为改河过程中的补偿。”这句话中的“返还”二字尤其重要。作为征地的补偿方式，根据具体情况，形式可以不一样，可以是以地换地，也可以是作价补偿等。但作为返还，就只能是同等性质并至少在价值上差不多的土地，才能称为“返还”。据此，返还的土地就只能是集体土地，否则，就违反民法中的公平、平等等基本原则(政府和该集体经济组织应被视为平等的民事主体，因为来信已提到，当初用地属于“占用”而非“征用”)。

另一方面，1995 年《确定土地所有权和使用权的若干规定》第十一条“河道堤防内的土地和堤防外的护堤地，无堤防河道历史最高洪水位或设计洪水位以下的土地，除土改时已将所有权分配给农民，国家未征用，迄今仍归农民集体使用的外，属于国家所有”的规定，是否与上述分析相悖？上述规定是关于确权的一般准则、原则，并非在所有情况下都只能执行而不能有任何例外。现实情况往往要比法条所规范的情形复杂。法律和法规的精要在于实质上平等、公平的原则。上述返还的土地，在定性为集体土地后，并不会影响到其他土地的确权。

另外，因为这宗土地是作为补偿返还给集体的，原本为河道，属国有土地，现已不再是河道了，岂能仍然适用有关河道的规定？

综上所述，这宗土地无论从法理上还是从事实上来看，都应确权为集体土地。

三、村民农转非后集体土地归谁

1. 基本案情

某村原有土地 1000 亩，由于国家建设需要，1991 年征用 800 亩，当时村民户口全部农转非。但仍有部分人在剩余的 200 亩土地上进行耕种，现在政府收回土地搞建设，仅付青苗补偿费，未给土地补偿和安置补助费。剩余的 200 亩土地没有被征用，而且一直由村民进行耕种，怎么一下子就归国家所有呢？

2. 专家观点

国家建设征用土地，农村集体经济组织全部成员转为城镇居民，未征用的原农民集体所有的土地，归国家所有的问题，我国宪法、法律、行政法规有一系列明确规定，如 1982 年《宪法》第十条第三条款规定：国家为了公共利益的需要，可以依照法律规定对土地实行征用，《土地管理法》第二条第四款规定：国家为了公共利益的需要，可以依法对集体所有的土地实行征用，只要是国家征用的土地，即属于国家所有。2004 年《土地管理法》第四十三条规定：任何单位和个人进行建设，需要使用土地的，必须依法申请使用国有土地；但是，兴办乡镇企业和村民建设住宅经依法批准使用本集体经济组织农民集体所有的土地的，或者乡(镇)村公共设施和公益事业建设经依法批准使用农民集体所有的土地的除外。前款所称依法申请使用的国有土地包括国家所有的土地和国家征用的原属于农民集体所有的土地。

1999 年《土地管理法实施条例》第二条规定：下列土地属于全民所有即国家所有：农村集体经济组织全部成员转为城镇居民的，原属于其成员集体所有的土地。原国家土地管理局 1995 年《确定土地所有权和使用权的若干规定》第十四条明确规定：因国家建设征用土地，农民集体建制被撤销或其人口全部转为非农业人口，其未征用的原农民集体所有的土地，归国家所有。继续使用原有土地的原农民集体及其成员享有国有土地使用权。由此可见，因国家建设征用土地，未征用的原农民集体所有的 200 亩土地，归国家所有是有法律依据的。

关于国有土地的集体使用问题。长期以来，国家所有的土地由集体使用，是一种较为普遍的现象，但是并不因此而改变土地所有的性质。2004 年《土地管理法》第十五条规定：国有土地可以由单位或者个人承包经营，从事种植业、林业、畜牧业、渔业生产。根据法律规定，国家征用的原属于农民集体所有的土地，暂时不能开发使用和暂时不需要收回使用的，国家可以确定给乡、村集体组织(包括已经转为城镇的居民)使用。这样做，可以提高土地利用率和抑制乱占土地现象，有利于发展农业和改善群众生活。因此，国家建设需要用地，当地政府有权收回土地，只对地上附着物及青苗进行补偿符合法律规定。

3. 案例评析

1)征收集体土地须是为了公共利益

需要明确是否是为了公共利益，而不能仅以国家建设为名随意征收土地。目前土地征收制度已经提出要缩小征地范围。

2)2004年之后国家的政策已经很明确

深圳从1993年开始通过村改居的方式将集体所有的土地转为国家所有的土地，2004年深圳将全市户籍人口全部改为城市居民，全部的集体所有土地也都转为国有，使其成为中国首个无农村、无农民、无集体土地的城市。

2004年《国务院关于深化改革严格土地管理的决定》明确规定："禁止擅自通过'村改居'等方式将农民集体所有土地转为国有土地。"

2005年3月4日，《国务院法制办公室、国土资源部关于对〈土地管理法实施条例〉第二条第(五)项的解释意见》(国法函〔2005〕36号)明确对《土地管理法实施条例》第二条第(五)项作出如下解释："该项规定，是指农村集体经济组织土地被依法征收后，其成员随土地征收已经全部转为城镇居民，该农村集体经济组织剩余的少量集体土地可以依法征收为国家所有。"

综上所述，在城市建成区，即使绝大部分土地都已被征收，且村民已成建制转为居民，剩余少量集体所有也只有通过征收才能变为国家所有。

四、生产队是否具有发包权

1. 基本案情

1992年某村原第八生产队经本队村民全体同意与村民刘某签订了承包该队土地的协议，刘某向该队交纳了承包费后在承包地里栽种果树。之后该村村委会以刘某与原第六生产队所签协议无效为由，向该县法院起诉。

2. 处理意见

分歧意见：该协议是否有效关键在于原生产队是否具有集体土地所有权，对此有两种意见：

一种意见认为，原生产队不具有农村集体土地所有权。原因是：自农村实行土地联产承包责任制后，原生产队已实际不存在了，农村土地所有权应由村委会代表村集体管理、经营，并与农户签订土地承包协议。原生产队不具有集体土地所有权，因此原生产队无权向村民发包土地使用权，其与村民签订的承包地的协议应属无效。

另一种意见认为，对此种行为应区别对待：对于土地家庭承包未打破原生产队界限的，原生产队具有土地所有权，能够对属于本队农民集体所有的土地进行使用，该地承包协议有效，应受法律保护；对于在家庭承包中已打破原生产队界限的，土地所有权应归村农民集体所有，原生产队不具有土地所有权，也就不能将原属本队的土地进行使用。

3. 案例评析

本案的焦点是原生产队是否享有土地所有权。从我国的实际情况来看，相当多的地区在进行土地承包时，均未打破原生产队的界限，仍是以原生产队为基础，对其土地发包给本队的农户进行联产承包。

从上述规定来看，村民小组、原生产队是否具有土地所有权，关键在于联产承包时是否打破原生产队的界限。如未打破，则原生产队、村民小组享有土地所有权，其有权对属于本小组的土地进行发包，签订承包协议。2002 年《农村土地承包法》第十二条第二款规定：国家所有依法由农民集体使用的农村土地，由使用该土地的农村集体经济组织、村民委员会或者村民小组发包。对已打破原生产队界限进行联产承包的，村民小组不具有土地所有权，其不能对自己不具有所有权的土地进行发包，其所签订的承包协议应属无效。

从目前我国法律、法规来看，村民小组（原生产队）的土地所有权是有明确规定的。但在具体的执行时会有偏差，应加大法律知识的宣传与教育。

五、历史用地归生产大队所有还是生产队所有

1. 基本案情

原湖南省会同县沙溪公社凤羊大队于 1973 年冬用该大队 3、4、5 三个生产队在位于张口子的菜地建了一座近 40 亩的柑橘园。按当时的国家规定，这些菜地应上交的黄豆任务被该大队分摊至其他生产队，直至黄豆任务被上级于 1979 年取消时止。1984 年人民公社改为乡人民政府后，现凤羊村村民委员会也没有再给过现凤羊村 3、4、5 组任何补贴。1995 年柑橘园橘子下树时，3、4、5 组群众向村上提出补偿要求，村上未予答复。2004 年 12 月 20 日至 31 日，凤羊村民委员会打算将村集体位于张口子的柑橘园进行重新发包时，凤羊村 3、4、5 组的 60 余名村民代表以 1962 年“四固定”时该块土地已分给他们三个组作自留菜地为由，要求凤羊村村民委员会对柑橘园用地向三个组的群众进行补偿。如果村里不给补偿，便不准将村集体柑橘园对外进行发包。

该柑橘园是 1982 年 5 月国务院《国家建设征用土地条例》颁布前建成使用的，至今已有 30 多年的历史，而且该柑橘园每年可为村集体带来近万元的集体收入，不存在废园退土的问题。根据原国家土地管理局〔1995〕国土[籍]字第 26 号《确定土地所有权和使用权的若干规定》第二条第一款、第二十一条、第二十三条第二款和会同县人民政府会政发〔2002〕第 3 号《会同县人民政府关于认真做好处理历史用地权属纠纷工作的通知》第二条第五款“1982 年前乡村集体使用的农、林、茶、果场用地，迄今一直由乡村集体使用管理的，其土地所有权和使用权为该村集体所有”，第六款“农民集体连续使用其他农民集体所有的土地已满 20 年的，土地所有权和使用权为现使用者所有”之规定，为权衡该村学校、公路、大队部等公益事业的用地，考虑到原大队已集全大队之力分摊了三个生产队当时的黄豆任务，经 2004 年 12 月 27 日凤羊村村民代表大会表决，对这三个组作出不予补偿的答复。

按规定，这三个组的群众可以通过法律的途径向村民委员会讨说法，但他们只以村柑橘

园用地是1962年“四固定”时分给三个组作自留菜地的，村里不能剥夺他们的土地承包权为由，一直与村里抗争，只要补偿，不愿向上级申诉和向人民法院起诉。我们乡、村两级都感到十分棘手。请问这起土地纠纷到底应如何处理才妥？

2. 专家观点

这个问题跨越的时间长，利益诱惑大，解决起来光靠行政手段是不行的，需要通过法律和情理等途径予以解决。

1)该柑橘园土地权属属于村委会所有

在计划经济时期，我国农民集体土地是三级所有，队为基础，这三级是公社、大队、生产队。1984年以后，公社恢复为乡，乡辖村民委员会，村民委员会辖村民小组。《中华人民共和国村民委员会组织法》(1998年11月4日中华人民共和国主席令第九号)第二条规定：村民委员会是基层群众性自治组织。第十条规定：村民委员会可以按照村民居住状况分设若干村民小组，小组长由村民小组会议推选。村民委员会相当于计划经济时期的生产大队，村民小组相当于计划经济时期的生产队。

2004年《土地管理法》第二条规定：我国土地实行社会主义公有制，即全民所有制和劳动群众集体所有制。按《土地管理法》第十条规定，劳动群众集体有乡(镇)农民集体、村农民集体或者村民小组集体。

1998年《村民委员会组织法》第五条规定：村民委员会是我国最小的行政单元，村民委员会有权管理本村属于村农民集体所有的土地和其他财产。由于各地情况不平衡，有的地方村民委员会直接管理全村的土地，有的地方由村民小组直接管理土地。

1995年《确定土地所有权和使用权的若干规定》第三章用于解决农民集体与农民集体之间的土地权属问题，包括了村集体与村集体之间、乡(镇)集体与乡(镇)集体之间、村集体与乡(镇)集体之间的土地权属问题。至于村集体与本村集体所属村民小组集体之间的问题，只有第二十一条还可以引用。

这一条的精神实质是，除按照国家法律和政策应当退还的外，只要不是强占性质，原则上按使用现状确定土地的所有权。为此，第二十一条规定：农民集体连续使用其他农民集体所有的土地已满20年的，应视为现使用者所有。考虑到各地情况不同，该条又接着规定：连续使用不满20年，或者虽满20年但在20年期满之前所有者曾向现使用者或有关部门提出归还的，由县级以上人民政府根据具体情况确定土地所有权。在本案中，从1973年开始建设果园，到1995年，已经22年，村民小组才提出土地权属问题，已经超过了20年的时限，村民小组已无权提出果园的土地权属问题。《会同县人民政府关于认真做好处理历史用地权属纠纷工作的通知》(会政发〔2002〕第3号)是符合《确定土地所有权和使用权的若干规定》的规定和精神的。

综上所述，该40亩果园的土地所有权属于村民委员会集体。《土地管理法》第十六条规定：在土地所有权和使用权争议解决前，任何一方不得改变土地利用现状。该柑橘果园保持现状的做法是正确的。

2)柑橘果园利益应当用于全体村民

1973年建设该果园时，有的生产队贡献了土地，有的生产队贡献了黄豆，全村农民都为之付出了巨大的代价和辛勤的汗水，可以说，该果园已成为全村农民的共同财产和精神财富。事实上，三个组的农民的本意既不是为了现在已经不存在的黄豆问题，也不是想毁掉或分掉这个果园。农民闹事的表面原因是所谓的补偿，潜在原因则是对村干部不了解和不放心。如果果园有收益，但全体村民没有获得好处，原来承担的负担没有任何减轻，农民就没有保护果园的动力和积极性，将来还要闹事。果园的保护需要靠全村农民，果园的收益也理应属于全村农民。

果园的收益应该像村办其他企业的收益一样处理，将收益用于全村的公益事业，以减轻农民的负担，使得农民因果园的收益而获益。要任用全体村民选出的自己信得过的人当村干部，村干部要把父老乡亲的利益看成是自己的利益。建议乡领导应建立长远机制，从根本上解决问题，责成村委会对果园收益使用方面作出规定，并以此为契机，建立村财务公开制度和村委会廉政建设制度，从而达到平息事端、妥善解决的目的。

3)该柑橘果园的承包应遵循公开、公平、公正的原则

2002年《农村土地承包法》已经实施，应当遵循公开、公平、公正的原则，依法组织对果园承包经营的招投标工作，从维护果园长远收益出发，选择懂技术懂管理的果农承包，承包期限可以适当长一些。本村以外的单位或个人要求承包经营果园的，应按照《土地管理法》第十五条规定办事。承包人需要用工的，要优先雇佣本村村民。村委会要履行承包合同规定的义务，维护承包人的合法权益。

3. 案例评析

农村集体土地是三级所有的所有权制度，具体确权要求可以参照2001年关于依法加快集体土地所有权登记发证工作的通知，具体要求如下：

(1)凡是土地家庭联产承包中未打破村民小组(原生产队)界限，不论是以村的名义还是以组的名义与农户签订承包合同，土地应确认给村民小组农民集体所有。

考虑到各地的差异和村民小组组织机构不健全的实际，在具体登记发证时，可采取两种方式进行：①有条件的地区，可将“集体土地所有证”直接发放到村民小组农民集体；②采取“组有村管”的方式，将“集体土地所有证”发放到村，由村委会代管。为体现村民小组农民集体的所有权主体地位，土地证书所有者一栏仍填写村内各村民小组农民集体的名称，并注明土地所有权分别由村内各村民小组农民集体所有。待条件成熟时，可将《集体土地所有证》换发到组。

对于已经打破了村民小组农民集体土地界限的地区，应本着尊重历史，承认现实的原则，对这部分土地承认现状，明确由村农民集体所有。

(2)能够证明土地已经属于乡(镇)农民集体所有的，土地所有权应依法确认给乡(镇)农民集体。没有乡(镇)农民集体经济组织的，乡(镇)集体土地所有权由乡(镇)政府代管。

(3)不能证明属于乡(镇)农民集体所有或村民小组农民集体所有的集体土地，应依法确认给村农民集体所有。土地所有权主体以“××村(组、乡)农民集体”表示。

六、土地归村民小组所有还是乡所有

1. 基本案情

某乡有一宗地，1980 年以前是某大队（现村委会）某生产队（现村民小组）的集体土地。1980 年，某区公所（现乡政府）和该生产队协商，由区公所贷款投资，旁边几个大队（现村委会）群众投工投劳，在该宗地上建一座小型水电站。当时区公所答应在别处新开一块地归还该生产队，后未兑现。电站建成后，由于水量不足，发出的电仅够区公所使用，机房和住房旁边的土地由电站工人耕种。1992 年电站停止发电后，有一小部分土地被划为国有林地，机房和住房一直还在，旁边的土地由该生产队的两户人家耕种。后来乡政府让银行拆卖机房和住房用于冲抵当初的贷款。围绕该宗地的权属，乡政府、村委会、村民小组三方发生纠纷。乡政府认为该宗地是以前政府无偿划拨用地，应属于国有土地；村委会认为该宗地在该村辖区内，应属于村委会的集体土地；村民小组认为该宗地历来都是属于该组的，建电站也未进行补偿，不发电后，地仍由该组耕种，应属于该组的集体土地。请问，这宗土地该如何确权？

2. 案例评析

这是一个如何划定乡（镇）、村以及村内农民集体（村民小组）之间土地界线的问题。长期以来，我国农村土地权属管理工作十分薄弱，尤其是改革开放之前，村、队、社合并或者分割等管理体制的变动，以及土地开发、国家征地、集体兴办企业事业单位等原因对土地进行调整，使农民集体之间经常因土地所有权问题发生纠纷。

要解决这个问题，首先，需要明确解决该问题的时间范围。按照原国家土地管理局 1995 年《确定土地所有权和使用权的若干规定》，集体土地所有权区分为四个时间段进行处理：①土地改革到 1962 年 9 月《农村人民公社工作条例修正草案》（以下简称《六十条》）发布实施以前；②《六十条》发布实施到 1982 年国务院发布实施《村镇建房用地管理条例》之前；③1982 年《村镇建房用地管理条例》发布实施到 1987 年《土地管理法》发布实施之前；④《土地管理法》发布实施之后。

从反映的情况看，该宗地 1980 年前属于生产队所有，1980 年以乡政府出资、村民投劳的方式兴建小型水电站。因此，解决该问题的时间范围，应当限定在《六十条》公布实施之日起至 1982 年《村镇建房用地管理条例》发布实施之前。

其次，需要明确属于哪一级农民集体所有。由于改革开放以前，我国农村土地长期实行"队为基础，三级所有"的管理体制，使不同层级的集体与集体之间经常对土地权属产生分歧。按照 1995 年《确定土地所有权和使用权的若干规定》第二十三条第一款的规定，属于乡（镇）农民集体所有的情况包括：《六十条》公布时起至 1982 年国务院《村镇建房用地管理条例》发布时止使用的，有下列情况之一的，分别属于该乡（镇）或村农民集体所有……经县、乡（公社）、村（大队）批准或同意，并进行了适当的土地调整或者经过一定补偿的。

按照上述规定，当时水电站使用的土地是经过乡政府与当时生产队协商的，并且乡政府答应另调出一块其他土地归生产队所有。因此，可以认为，该宗地是经过乡政府批准同意进行调整的，其所有权应当属于乡农民集体所有，而不是村或者村民小组所有。

但考虑到该水电站自1992年以来已经长期闲置，并且当时的乡政府也没有按照协商时的承诺，调整提供另一块土地归生产队，所以，按照前述第二十三条第三款“乡（镇）、村办企事业单位采用上述以外的方式占用的集体土地，或虽采用了上述方式（即经过乡政府批准调整的方式），但目前土地利用不合理的，如荒废、闲置等，应将其全部或者部分土地退还原村或者乡农民集体，或按有关规定进行处理”的规定，本着尊重历史，照顾现实的原则，乡政府应当将该宗地所有权退还原生产队（现村民小组）。

至于村委会与村民小组之间的不同主张，应这样考虑：如果该村村民小组的土地已经全部交由村集体经济组织或者村委会所有，那么，这宗土地可以同样交由该村所有；但如果该村的土地存在村民小组所有的情况，那么，这宗土地应当归村民小组所有。

七、林权证是否土地权属的证明

1. 基本案情

甲、乙两村相邻。两村交界处有一块林地，1982年根据“林业三定”精神，县政府将该林地权属确定给甲村，并颁发山林所有权证。但因当时发证程序并不规范，双方并未进行指界。在1992年的土地详查过程中，经双方负责人和指界员共同指界认定，签订了《土地权属界线认定书》，将原林地权属划归乙村。2004年，在对集体土地所有权全面登记发证工作中，县政府依据《土地权属界线认定书》确定的界线，将原林地权属确定给乙村，并颁发了集体土地所有证。2009年3月，两村因砍伐林木发生争执，又向县政府申请土地确权。

2. 专家观点

如何处理该案主要存在以下两种观点：

第一种观点认为，争议的林地归甲村。理由：2004年《土地管理法》第十一条第四款规定：确认林地所有权或者使用权，依照《森林法》规定办理。本案中，双方争议的是林地，山林所有权证是依据《森林法》规定办理的，符合法律规定，具有法律效力；而集体土地所有证不是依据《森林法》规定办理的，与法律规定不符，不具有法律效力，应当依据山林所有权证确定林地所有权。因此，争议的林地归甲村所有。

第二种观点认为，争议的林地归乙村。理由：《土地管理法》第十六条与1984年《森林法》第十七条对处理土地权属的规定是一致的。根据两法的规定，林地所有权和使用权争议，由当事人协商解决；协商不成的，由人民政府处理。单位之间的争议，由县级以上人民政府处理；个人之间、个人与单位之间的争议，由乡级人民政府或者县级以上人民政府处理。当事人对有关人民政府的处理决定不服的，可以自接到处理决定通知之日起三十日（一个月）内，向人民法院起诉。即由双方协商，协商不成的由政府处理。政府在处理土地权属争议中处于居中裁决的地位。按照“谁主张，谁举证”的原则，对同一争议案件，在不同的处理阶段，由于当事人举证不同，可能产生相互对立的处理结果，但从法律上来讲，两种结果都是合法有效的。当新的争议产生后，原来历次处理结果又成为处理新争议的重要证据，这就涉及证据的采用问题。《湖南省实施〈中华人民共和国土地管理法〉办法》第六条规定，农民集体土地所有权发生争议的，除法律、行政法规另有规定的外，依次按照下列证据确认所有权：

①集体土地所有证;②土地权属认定书;③家庭联产土地承包合同;④山林所有权证;⑤"四固定"确定土地所有权的证书、资料;⑥农业合作化时期确定土地所有权的证书、资料;⑦土地改革时期确定土地所有权的证书、资料。《湖南省林木、林地权属争议处理办法》第六条规定:同一起争议有多次处理结果的,以最后一次为准。依据以上法规和规章规定,山林所有权证、土地权属认定书、集体土地所有证都是确定土地权属合法有效的重要证据,但是,按照"由近而远"采用证据的原则,应当以集体土地所有证为依据确定土地权属。因此,本案争议土地所有权归乙村所有。

3. 案例解析

针对林权证与土地证的问题,林业部与原土地管理部门均做出了说明。

1)林业部关于已获得林权证的林地不再办理土地使用证的复函(1994年)

吉林省林业厅:

你厅《关于国有林业企业对已取得使用权的林地是否还需到当地土地管理部门申报登记领取土地使用证》的请示(吉林法字〔1994〕第88号)收悉。现函复如下:

《土地管理法》第九条第三款规定:"确认林地、草原的所有权或者使用权,确认水面、滩涂的养殖使用权,分别依照《森林法》《草原法》和《渔业法》的有关规定办理";《森林法》第三条第二款规定:"全民所有的和集体所有的森林;林木和林地,个人所有的林木和使用的林地,由县级以上地方人民政府登记造册,核发证书,确认所有权或者使用权"。1981年中共中央、国务院发布的《关于保护森林发展林业若干问题的决定》中规定"国家所有、集体所有或个人所有的林木和使用的林地""由县级以上人民政府颁发林权证"。可见,林权证既是关于林木也是关于林地权属的证书。

1989年4月,全国人大常委会法制工作委员会在给四川省重庆市人大常委会的复函中明确指出"对林地所有权或者使用权的登记造册和核发证书,应按森林法的规定执行。县级以上地方人民政府依照森林法的有关规定核发的确认林地所有权或者使用权的证书,也就是关于该土地所有权或者使用权的证书"。

国有林权证是林业部根据国务院国办通〔1989〕36号批复而向国营林业局核发的证书。因此,由林业行政主管部门负责办理、县级以上人民政府颁发的林权证,也就是该林地所有权或者使用权的法律凭证。凡依法取得国有林权证的,无须再到土地管理部门申报领取国有土地使用证,更不应再向土地管理部门缴纳土地详查和申报登记等费用。

2)国家土地管理局办公室关于林地发证问题的复函(1990年)

安徽省土地管理局:

你局1990年6月9日(90)皖土(籍函)字第01号《关于林地发证问题的请示》收悉,现答复如下:《土地管理法》第五条和中共中央、国务院中发〔1986〕7号文件规定,全国土地实行统一管理,国务院土地管理部门主管全国土地的统一管理工作,县级以上地方人民政府土地管理部门主管本行政区内的土地的管理工作。最近,国务院国发〔1990〕31号文又重申了这一原则。土地管理部门依照自己的职责依法对使用者、所有者的土地进行登记、发证,其中包括对林地的登记、发证,确认土地的使用权、所有权。《土地管理法》第九条第三款明确规定了土地管理部门对林地登记,发证的具体办法,即"确认林地、草原的所有权或者使用权，确认水面、滩涂的养殖使用权，分别依照《森林法》《草原法》和《渔业法》的有关规定办理”。此规定和全国人大常委会法工委(1989)14号文所指出的“县级以上地方人民政府依照《森林法》的有关规定核发的确认林地所有权或使用权的证书，也就是关于该土地所有权或者使用权的证书”是一致的。土地管理部门依照《土地管理法》和《森林法》确定土地权属后核发的土地证书与林业部门依照《森林法》颁发的林权证的性质不同，土地证书是土地使用权和土地所有权的法律凭证，林权证是地上林木所有权的法律凭证，各自具有不同的法律效力，二者不能互相代替。土地管理部门在对林业用地具体办理土地使用证或所有证时，对林业部门已经颁发了林权证，经审核确属土地权属合法、界址清楚、面积准确的，可以作为颁发土地证书的重要依据；对目前尚未颁发林权证的，应与林业部门密切配合，各自履行本部门的职责，发好两证。

综上所述，由于部门各自为政，结果造成了同一块土地多个证书的情况。而不动产统一登记制度的提出解决了这一问题。

【拓展资料】

二维码 3-1　宋庄画家村案

第二节　城市国有土地使用权的案例

一、城市私房用地使用权是否可以转让

1. 基本案情

2003年10月，江苏省邳州市城市居民赵某将其位于市区内的一处占地面积140米^{2}的私人老宅开价60万元卖给了李某。赵某对该处住宅持有合法的《国有土地使用证》(划拨土地使用权)和《房屋所有权证》。双方在财政部门和房产管理部门办理了购房契约、契税和房屋过户手续后，李某随即入住。邳州市国土资源局查实案情后立即通知两人停止非法转让土地行为，并限期十五日内由李某补缴土地使用权出让金，办理土地使用权转让手续。赵某、李某认为市国土资源局具体行政行为是非法的，拒不履行。

2. 法律依据

1994年《城市房地产管理法》第三十九条规定：以划拨方式取得土地使用权的，转让房地产时，应当按照国务院规定，报有批准权的人民政府审批。有批准权的人民政府准予转让

的，应当由受让方办理土地使用权出让手续，并依照国家有关规定缴纳土地使用权出让金。

以划拨方式取得土地使用权的，转让房地产报批时，有批准权的人民政府按照国务院规定决定可以不办理土地使用权出让手续的，转让方应当按照国务院规定将转让房地产所获收益中的土地收益上缴国家或者作其他处理。

1994 年《城市房地产管理法》第六十七条规定：违反本法第四十四条第一款的规定转让房地产的，由县级以上人民政府土地管理部门责令缴纳土地使用权出让金，没收违法所得，可以并处罚款。

1990 年《城镇国有土地使用权出让和转让暂行条例》第四十五条规定：符合下列条件的，经市、县人民政府土地管理部门和房产管理部门批准，其划拨土地使用权和地上建筑物，其他附着物所有权可以转让、出租、抵押：①土地使用者为公司、企业、其他经济组织和个人；②领有国有土地使用证；③具有地上建筑物、其他附着物合法的产权证明；④依照本条例第二章的规定签订土地使用权出让合同，向当地市、县人民政府补交土地使用权出让金或者以转让、出租、抵押所获收益抵交土地使用权出让金。转让、出租、抵押前款划拨土地使用权的，分别依照本条例第三章、第四章和第五章的规定办理。第四十六条对未经批准擅自转让、出租、抵押划拨土地使用权的单位和个人，市、县人民政府土地管理部门应当没收其非法收入，并根据情节处以罚款。

邳州市国土资源局于 2003 年 12 月将《土地违法案件行政处罚决定书》送达赵某、李某，责令李某依照《城镇国有土地使用权出让和转让暂行条例》第四十五条和《江苏省城镇国有土地使用权出让和转让实施办法》第十二条规定缴纳土地使用权出让金 1 万元，没收赵某非法转让土地所得 40 万元，没收李某在 140 米^2 土地上非法所得的房屋等建筑物及构筑物，并处以赵某、李某各 1 万元罚款。

3. 案例评析

从法理上讲，依照《城市房地产管理法》《城镇国有土地使用权出让和转让暂行条例》，拨土地使用权不能单独转让，除非地随房走，但仍需批准，且补交出让金或所获收益抵交土地使用权出让金。如未经批准转让则会受到相应的处罚。

由于我国土地登记制度滞后于房屋登记制度，交易双方往往对土地过户登记意识不强，认为只需要进行房屋过户登记。

二、划拨土地使用权是否可以转让

1. 基本案情

某公司于 2006 年 7 月取得一块国有划拨土地使用权，领取了《国有土地使用权证》，载明地类用途为住宅，用于修建职工公寓楼。2009 年 8 月，某公司与公司以外的第三人王某签订《房屋买卖合同》，向王某出售了职工住宅楼房屋 1 套，之后某公司又陆续向公司以外的第三人销售房屋，所建房屋已全部销售完毕，购房人已经入住。2018 年 6 月，购房人王某向某市国土资源局提交《履职申请书》，请求某市国土资源局履行法定职责，依法向某公司征收划拨转出让土地使用权出让金。某市国土资源局作出回复，认为某公司尚未提出改变该宗土地使用权权属和用途的申请，其划拨土地使用权仍属某公司，故其在程序和实体上均无收取土地使用权出让金的法律依据。王某对该回复不服，向行政复议机关提起行政复议申请，请求撤销某市国土资源局作出的回复，责令其重新作出具体行政行为，履行征收划拨转出让土地使用权出让金的法定职责。

本案的处理主要涉及以下法律问题：一是当事人未经批准将划拨土地上修建房屋进行转让的行为是否合法；二是未经批准将划拨土地上修建房屋进行转让，是否应当缴纳划拨转出让土地使用权出让金；三是本案某市国土资源局作出的回复是否恰当。

2. 专家观点

本案中，在某公司未向土地管理部门提出改变该宗土地使用权权属和用途申请的情况下，某市国土资源局应否向其收取划拨转出让土地使用权出让金，其作出的回复是否恰当，实务中存在两种认识：

第一种观点认为：某市国土资源局收取某公司划拨转出让土地使用权出让金的依据不足，其作出的回复恰当。因为，根据我国相关保障房政策，职工公寓土地使用权可以保留划拨类型，土地管理部门收取某公司划拨转出让土地使用权出让金，前提是需某公司完成职工公寓建设的核验和房屋所有权的首次登记，并与购房人共同提出分户房屋所有权、分摊土地使用权的登记申请。所以，在某公司未提出改变职工公寓土地使用权权属和用途申请之前，某市国土资源局在程序和实体上均无收取划拨转出让土地使用权出让金的法律依据，故某市国土资源局作出的回复恰当。

第二种观点认为：某市国土资源局应当收取某公司划拨转出让土地使用权出让金，其作出的回复不当。因为，某公司虽然未向土地管理部门提出改变职工公寓土地使用权权属和用途的申请，但其向公司以外的第三人销售职工公寓住房的行为已构成转让房地产事实，属于转让房地产的行为，土地管理部门应当依据相关规定向某公司收取划拨转出让土地使用权出让金。某市国土资源局关于其在程序和实体上均无收取划拨转出让土地出让金法律依据的回复应属不当。

3. 案例评析

1）当事人未经批准将划拨土地上修建房屋进行转让的行为构成违法

根据1994年《城市房地产管理法》第三十九条第一款的规定，以划拨方式取得土地使用权的，转让房地产时，应当按照国务院规定，报有批准权的人民政府审批。有批准权的人民政府准予转让的，应当由受让方办理土地使用权出让手续，并依照国家有关规定缴纳土地使用权出让金。依照上述规定，以划拨方式取得土地使用权的，转让房地产时应当依法经过有批准权的人民政府审批，否则不得进行转让。本案中，某公司取得的划拨土地使用权的用途为住宅，用于修建职工公寓楼，因此，某公司应当将该划拨土地上修建房屋用于职工住宅用途，而不能向公司以外的第三人进行销售。但某公司在未经有批准权的人民政府审批的情况下，擅自将划拨土地上修建的职工公寓住宅向公司以外的第三人进行销售，根据“房地相随”原则，其行为属事实上转让房地产的行为，违反了《城市房地产管理法》第四十条第一款的规定，构成违法。

2)未经批准将划拨土地上修建房屋进行转让,应当依法缴纳划拨转出让土地使用权出让金

实务中,经常出现以划拨方式取得土地使用权的当事人,未经相关部门审批,将其取得的划拨土地上修建房屋向第三人进行转让的情形,在当事人未向土地管理部门主动提出改变土地使用权权属和用途申请的情形下,土地管理部门是否应当履行法定职责,向其收取划拨转出让土地使用权出让金?对此,多数人认为,根据1994年《城市房地产管理法》第三十九条第一款的规定,以划拨方式取得土地使用权的,转让房地产时,应当报有批准权的人民政府审批,并依照相关规定缴纳土地使用权出让金。该法第六十七条规定:违反本法第四十条第一款的规定转让房地产的,由县级以上人民政府土地管理部门责令缴纳土地使用权出让金,没收违法所得,可以并处罚款。依照上述法律规定,以划拨方式取得土地使用权的当事人,未经相关部门审批,将取得的划拨土地上修建房屋向第三人进行转让的行为,应当认定为违法。在此情形下,应当依法履行法定职责,责令其缴纳土地使用权出让金,没收违法所得,可以并处罚款。因此,土地管理部门收取划拨转出让土地使用权出让金,并不以当事人提出改变土地使用权权属和用途的申请为前提和条件,土地管理部门作为人民政府土地管理部门,应当依照法律规定,履行法定职责,收取其划拨转出让土地使用权出让金。

3)本案某市国土资源局作出的回复明显不当

本案中,某公司取得划拨土地使用权后,修建职工公寓楼,并向公司以外的第三人进行销售的行为,属于转让房地产的行为,某公司的转让行为未经有批准权的人民政府审批,违反了1994年《城市房地产管理法》第三十九条第一款的规定。因此,土地管理部门可以责令其缴纳土地使用权出让金,没收违法所得,可以并处罚款。某市国土资源局在对王某提出的《履职申请书》进行调查后,回复称其没有收取土地使用权出让金的法律依据,该回复与相关法律规定不符,其作出的回复明显不当,应予以纠正。某市国土资源局应当依据上述相关法律规定,依法履行法定职责,责令某公司缴纳土地使用权出让金,没收违法所得,并视其情节决定是否并处罚款。

三、划拨土地使用权的非法转让

1. 基本案情

2000年2月,甲企业擅自以每亩4万元的价格,向乙企业转让本单位使用的国有划拨土地5000米^{2}用于兴建职工宿舍楼,并于当年竣工。土地管理部门发现该违法行为时,已是两年之后。办案人员查实后对此违法行为提出了三种处理意见。

第一种意见认为,应将案件定性为非法转让土地,依据2004年《土地管理法》第七十三条、1999年《土地管理法实施条例》第三十八条及2009年《行政处罚法》第二十九条的规定,只对受让方作出处罚。

第二种意见认为,应将案件定性为非法占地,依据《土地管理法》第七十六条及《土地管理法实施条例》第四十二条的规定,只对占地方(受让方)作出处罚。

第三种意见认为,应将案件定性为非法受让土地,依据2004年《土地管理法》第七十三条、第七十六条,1999年《土地管理法实施条例》第四十二条及2009年《行政处罚法》第二十九条的规定，只对占地方（受让方）作出处罚。

2. 案例评析

需要明确，《土地管理法》第七十三条的规定是否包含有对占地方（受让方）予以处罚的内容。在这一规定中，"买卖或以其他形式非法转让土地的，由县级以上人民政府土地行政主管部门没收违法所得"这一项，实际上主要指的是对卖方或转让方的罚责，而"对违反土地利用总体规划擅自将农用地改为建设用地的，限期拆除在非法转让的土地上新建的建筑物和其他设施，恢复土地原状，对符合土地利用总体规划的，没收在非法转让的土地上新建的建筑物和其他设施"，实际上是对买方或受让方的罚责。最后"可以并处罚款"这一罚责，实际上可以适用于买卖及转让受让双方。通过这样划分释义后，可以清楚地看出，这一条款中既有对卖方或转让方的处罚内容，又有对买方或受让方的处罚内容。所以说，完全可以单独依据这一条款及《土地管理法实施条例》相关规定对甲、乙企业双方的违法行为作出处罚。

必须对违法行为作出准确的定性。由于在这一条款中已经涉及了买卖双方或转让、受让双方的交易行为，因此，这种行为应定性为买卖或非法交易土地。另外，广义上的违法所得，不仅包括卖方或转让方所得的土地价款，而且还应包括被交易的土地。因为在现实中，其违法所得有时确实应包含所交易的土地或土地使用权。所以说，《土地管理法》第七十三条的第一句话最恰当的表述为："买卖或者以其他形式非法交易土地的，由县级以上人民政府土地行政主管部门没收非法所得。"只有这样才能依法作出确切的定性，并依法作出处罚。

必须解决当非法所得难以确定时如何实施处罚的问题。适用 2004 年《土地管理法》第七十三条的规定，就要相应地适用《土地管理法实施条例》第三十八条的规定。适用这一相应条款，就必须依法准确地确认非法所得的数额。但在一般情况下，由于转让土地时往往包含一定的房产，对于不如实申报成交价的，根本无法从交易价格中获得非法所得的实际数额，甚至可能出现没有非法所得的情况。即使转让土地时不包含房产，也还是难以通过调查取证得到真实的土地交易价格，因而也就无法计算确认非法所得的数额。虽然原国家土地管理局曾就此问题作出了《对按土地估价方法认定非法所得的请示的批复》，但由于评估结果需经省级人民政府土地行政主管部门确认等原因，造成了操作上的困难。

所以在具体运用中，办案人员只好在引用 2004 年《土地管理法》第七十三条的同时，再引用上该法第七十六条、1999 年《土地管理法实施条例》第四十二条及 2009 年《行政处罚法》第十九条作为实施处罚的依据，并对受让方的占地行为按 30 元/米^2 以下处以罚款。在《土地管理法实施条例》第三十八条未作修改之前，这样做，也并无不妥之处，关键是要在对案件定性准确的基础上恰当地使用法律。

综上所述，对甲、乙企业双方的土地违法行为，应定性为非法交易土地，并依据《土地管理法》第七十三条、《土地管理法实施条例》第三十八条及《行政处罚法》第二十九条的规定，对乙企业的非法受让并占用土地的行为作出处罚，而对甲企业非法转让土地的行为不再给予处罚。

四、划拨土地使用权是否可以继承

1. 基本案情

陈某是某县城区双钟镇的居民，在县城中心位置有一处20世纪70年代建的住宅，两证（土地证和房屋产权证）齐全。陈某有一独子。陈某过世后，其子到当地房屋主管部门凭当地公安局户籍证明办理了房屋产权继承手续。在办理划拨土地使用权继承手续时，当地国土资源管理部门认为须办理土地使用权转让手续，补交土地出让金。陈某认为自己没有对该房实施改造，也没有改变用途，理应办理土地使用权继承手续，只同意交工本费。请问，划拨土地使用权可以继承吗？

2. 案例评析

陈某对划拨土地使用权享有继承权。理由如下：

首先，土地使用权属于遗产范畴。遗产是公民死亡时遗留下的个人合法财产，包括死者遗留下来的财产和财产权利，我国继承法明确规定了房屋属于遗产的范畴。按照“房地合一”的原则，继承房屋的可以连同继承土地使用权，陈某通过继承取得了房屋所有权，同时也取得了该房屋占有范围内土地的使用权。

其次，土地使用权的继承是土地使用权的转让方式之一。土地使用权继承虽有特殊性，但也应是土地使用权的一种转移方式。其特殊性表现在三个方面：一是转让条件不同。继承转让的唯一条件是继承事件发生，也即原受让人死亡时，继承转让随之发生。二是转让程序不同。继承转让一般只需经公证、登记两个阶段。三是办理登记的税费不同。国家税务总局在《关于继承土地、房屋权属有关契税问题的批复》中规定，对于《继承法》规定的法定继承人继承土地、房屋权属时，不征收契税。而按照《继承法》规定，对于非法定继承人根据遗嘱承受死者生前的土地、房屋权属的，则属于赠予行为，应征收契税。除上述三点外，继承转让的权利、义务关系与一般转让相同，应按照一般转让的程序和要求进行。

最后，从划拨土地使用权的权利性质及相关规定来看，划拨土地使用权需继承的应依法办理出让手续。根据《城市房地产管理法》和《城镇国有土地使用权出让和转让暂行条例》的有关规定，划拨土地使用权不得转让、出租和抵押；如需转让、出租和抵押的，应当依法办理土地出让手续。因此，继承被继承人生前的划拨土地使用权，应依法办理出让手续。

综上所述，张某对有国土、房屋产权证明的划拨土地使用权可以行使继承权，但继承事件的发生仅是其取得继承权的可能条件，应根据有关法律规定，在依法签订土地使用权出让合同后办理划拨土地使用权变更登记。因此，张某对其享有继承权的划拨土地使用权，应依法办理土地出让手续，而最终取得该宗地的使用权。

五、出让土地使用权的转让

1. 基本案情

1991 年 12 月 8 日，某市甲公司从他公司处受让了两块国有建设用地的使用权，准备用于房地产开发，并于其后办理了相关的土地使用证手续。但甲公司在取得建设用地使用权后，一直未进行房地产开发。1999 年 8 月 9 日，甲公司与乙单位签订建设用地使用权转让协议，约定在乙单位付给甲公司一笔转让金额后，由其进行土地开发。乙单位依约支付转让金额后，甲公司却一直未将土地使用权转让给乙单位。于是，乙单位将甲公司告上了法庭。

2. 法律依据

1994 年《城市房地产管理法》第三十八条，以出让方式取得土地使用权的，转让房地产时，应当符合下列条件：①按照出让合同约定已经支付全部土地使用权出让金，并取得土地使用权证书；②按照出让合同约定进行投资开发，属于房屋建设工程的，完成开发投资总额的百分之二十五以上，属于成片开发土地的，形成工业用地或者其他建设用地条件。转让房地产时房屋已经建成的，还应当持有房屋所有权证书。

3. 案例评析

本案中，由于甲公司取得建设用地使用权的目的是进行房地产开发，根据我国《城市房地产管理法》第 38 条第 2 款的规定，按照出让合同约定进行投资开发，属于房屋建设工程的，在没有完成开发投资总额 25％以上的情况下，建设用地使用权人是不能转让房地产的。甲公司在取得建设用地使用权后，一直未进行房地产开发，其与乙单位签订的建设用地使用权转让协议违反了上述强制性法律规定。法院认为甲公司与乙单位之间关于建设用地使用权转让的约定是无效的，且双方均有过错。遂判决甲乙双方签订的建设用地使用权转让协议无效。

可见，未经开发直接转让用于房地产开发的建设用地使用权的行为是不受法律保护的。国家的法律规定避免了开发商的投机行为。

六、未领取产权证的房屋是否可以转让

1. 基本案情

2003 年，吴先生夫妻出资购得单位公房全部产权，但尚未办下房屋两证。同年，吴夫妇将此房卖给李先生。李先生付了 6 万元的购房款并入住该房。双方还约定，待吴夫妇取得房屋两证后，双方办理房屋过户手续，李先生付清购房余款 6 万元。其后，由于拆迁、房屋升值的原因，吴夫妇反悔，不愿履行协议。李先生遂诉至法院，要求吴夫妇履行协议，协助其办理过户手续。吴夫妇辩称，签订房屋买卖协议时，自己还未领房屋两证，无权处理房屋，且签订协议后也没到房地局办理登记或过户手续，买卖协议应为无效。

2. 案例评析

(1)从房地产管理的规定看,未依法领取权属证书的房地产不得转让。这里的权属证书,不应简单地理解为房屋的所有权证和土地使用权证;应当包括房屋产权证书以及其他能够证明拥有房屋所有权的证明。本案中,吴夫妇拥有购买房屋全部产权的发票及手续证明,足以说明吴先生在卖房时对房屋拥有所有权。

(2)合同登记并非合同生效的必需条件。根据最高人民法院《关于适用〈中华人民共和国合同法〉若干问题的解释》规定:"法律、行政法规规定合同应当办理登记手续;但未规定办理登记后生效的,当事人来办登记手续的不影响合同的效力。"因此,本案中的房屋买卖协议虽然未经登记,但并不影响其效力。

(3)房屋买卖协议是在吴夫妇自愿的基础上达成,其反悔的行为违反了我国《合同法》和《民法通则》中的诚实信用原则。

法院审理后认定,双方房屋买卖协议有效,吴夫妇协助车先生办理房屋过户手续。

七、一房多卖后的土地权属问题

1. 基本案情

李某(女)、张某为夫妇,二人曾于 1994 年 10 月以 10 万元的价格购置本市阳光中路 150 号一座二层楼房,后因该房离其工作单位较远,决定将其卖掉,但一直未找到合适的买主。1995 年 2 月初,张某赴外地出差,本市的陈某经人介绍,找到李某,称过去已看过该房,愿以 9 万元价格买下,李某不同意,双方经协商,李某决定以 10 万元价格将该房出售。次日,陈某将 5 万元送来。李某遂将钥匙交给陈某,但因产权证被张某存放在单位,李某提出待丈夫出差回来,即办理产权过户登记。办完手续后陈某再付另 5 万元。同年 7 月初,张某从外地返回后得知该房价格已经上涨,遂找到陈某,要求增加 2 万元价款才能去办理过户登记手续,陈某不同意,张某便在同年 8 月 10 日以 12 万元的价款,将该房卖给了王某,并于 8 月 15 日,与王某办理了登记过户手续,王某遂找到陈某要求其搬走,陈某遂到法院提起诉讼,告张某、王某侵害其所有权,并要求法院解除张某与王某之间的房屋买卖合同。而张某提出,其妻李某将该房卖给陈某时,他并不知道,也未得到其同意,因此该买卖行为是无效的。

2. 专家观点

关于陈某的请求是否应受到支持的问题,法院对此存在两种观点。

第一种观点认为:陈某与李某之间的买卖合同虽已履行,但并未办理登记过户手续,所以陈某并没有取得房屋的所有权,因此他不能告张某和王某侵权,也不能要求解除张某与王某的买卖合同关系。

第二种观点认为:尽管因未办理房屋的登记户手续,陈某还没有取得对该房屋的所有权,但未登记并不是因陈某的过错造成的,而是由于张某的原因造成的,因此应该承认李某与陈某之间的合同的效力,并责令张某为陈某补办手续,解除张某与王某的合同关系。

3. 案情评析

1)关于房屋登记的效力问题

在本案中,原告陈某与李某之间的买卖合同虽已实际履行,但并未办理登记过户手续,原告对已占有的房屋享有何种权利?其与李某之间已经履行的买卖合同是否应被宣告无效?这就涉及登记的效力问题。

关于登记的效力,大陆法系国家主要有两种不同的观点:一是登记要件说,此种观点认为登记是不动产物权合法移转的要件,未经登记,所有权不发生移转,德国法主要采纳了这种观点。二是登记对抗说,此种观点认为登记只是当事人在物权变动后应当履行的手续,未经登记,物权的变动在法律上也可有效成立,但只能在当事人之间产生效力,不能对抗第三人,日本民法采纳了此种观点。这两种做法各有特点。第一种观点赋予登记较强的公示力,任何人在发生交易行为时,要确定对方是否有权利转移财产,只需要信赖登记而不必信赖任何协议;第二种观点强调要尊重当事人关于移转不动产所达成的协议,同时也注重对善意一方当事人在非因其过错而未进行登记的情况下的利益保护。

我国立法一向采纳登记要件说。根据1983年《城市私有房屋登记管理条例》第六条规定:“城市私有房屋的所有人,须到房屋所在地房管机关办理所有权登记手续,经审查核实后,领取房屋所有权证;房屋所有权转移或房屋现状变更时,须到房屋所在地房管机关办理所有权转移或房屋现状变更登记手续。”第九条规定:买卖城市私有房屋,卖方须持所有权证和身份证明,到房屋所在地房管机关办理手续。1987年城乡建设环境保护部又制订了《城镇房屋所有权登记暂行办法》,强调房屋所有权的取得、转让及房屋的改建等都必须办理登记手续。在土地使用权的取得、变更、转让方面,现行立法也要求登记。根据1988年《土地管理法》第九条规定,取得土地所有权和使用权必须登记。根据该法第十条规定,依法改变土地的所有权或者使用权的,必须办理土地权属变更登记手续,更换证书。1999年《土地管理法实施条例》第五条规定,依法改变土地的所有权、使用权,或者因依法买卖、转让地上建筑物、附属物而使土地使用权移转的,必须向县级以上地方人民政府土地管理部门申请土地证书。根据我国学者的一般看法,不动产物权的取得、消灭和变更,未经登记,不能产生法律效力。我国司法审判实践对不动产权特别是房屋所有权的确认原则上以登记为准。我国现行的立法完全采纳了登记要件主义,此种做法确实有利于保护原所有人的利益,并因增强登记效力而有利于强化国家对不动产的管理。

2)可以参照“一地二卖”的司法解释

《最高人民法院关于审理涉及国有土地使用权合同纠纷案件适用法律问题的解释》(法释〔2005〕5号)第十条对“一地二卖”合同的处理进行了规定。该解释指出,土地使用权人作为转让方就同一出让土地使用权订立数个转让合同,在转让合同有效的情况下,受让方均要求履行合同的,已经办理土地使用权变更登记手续的受让方,请求转让方履行交付土地等合同义务的,应予以支持;均未办理土地使用权变更登记手续,已先行合法占有投资开发土地的受让方请求转让方履行土地使用权变更登记等合同义务的,应予以支持;均未办理土地使用权变更登记手续,又未合法占有投资开发土地,先行支付土地转让款的受让方请求转让方履行交付土地和办理土地使用权变更登记等合同义务的,应予以支持;合同均未履行,依法成立在先的合同受让方请求履行合同的,应予以支持。

八、填海造地形成的土地使用权

1. 基本案情

某公司计划填海造地，遂向当地海洋部门申请用海。经批准后，缴纳海域使用金，获取了海域使用权。当该公司向当地国土资源管理局申请土地登记时，由于经营性用地必须实行招标拍卖挂牌，国土资源局拒绝为公司办理登记。

2. 案例评析

填海造地，涉及行政法、环境法、民法、海洋法、土地管理法等多方面的法律问题。首先，关于海域使用权问题，《物权法》规定，海域属于国家所有。单位和个人使用海域，必须依法取得海域使用权。填海造地的一般项目应当由国家海洋行政主管部门负责，特殊情况下或者占用海域过大的由国务院审批。2001 年《海域使用管理法》第十八条规定，下列项目用海，应当报国务院审批：①填海 50 公顷以上的项目用海；②围海 100 公顷以上的项目用海。《海域使用管理法》第三十二条规定：填海项目竣工后形成的土地，属于国家所有。海域使用权人应当自填海项目竣工之日起三个月内，凭海域使用证书，向县级以上人民政府土地行政主管部门提出土地登记的申请，由县级以上人民政府登记造册，换发国有土地使用证书，确认土地使用权。因此，海域使用权人并不因填海造地而自然取得土地使用权，仍需要国土资源管理部门的确认登记程序，获得土地使用权。

《物权法》明确要求，工业、商业、旅游、娱乐和商品住宅等经营性用地以及同一土地有两个以上意向用地者的，应当采取招标、拍卖等公开竞价的方式出让。按照新法优于旧法的原则，《物权法》实际上是对《海域使用管理法》的修改，即使已经取得海域使用权，但根据《物权法》经营性土地必须实行招标拍卖挂牌出让的规定，海域使用权人并不当然获得填海造地的土地使用权。其次，关于缴纳土地使用权出让金问题。如果海域使用权人通过招标拍卖挂牌的方式取得了土地使用权，虽然海域使用权人在申请用海时，已经缴纳了海域使用金，在填海造地取得土地使用权时，仍要按照《土地管理法》的规定缴纳土地使用权出让金。因为海域使用金是一种对海洋资源利用的补偿金，填海造地完成后，改变了海域资源的自然属性，将海域变成了土地，成为国家土地资源的一部分，所以，应该按照《土地管理法》的规定来进行管理。使用国有土地，应当缴纳国有土地使用权出让金是《土地管理法》的要求，既然原来的国有海域资源已经变成了国有土地资源，土地使用权人当然应当缴纳土地使用权出让金。但因为填海造地的土地使用权人与单纯从国家获得土地的土地使用权人相比多了一项填海的费用，在缴纳土地使用权出让金时，国土资源管理部门应当予以考虑土地使用权人已经缴纳了海域使用金的情况。如果海域使用权人通过招标拍卖挂牌未获得填海所造土地的土地使用权，政府应当对海域使用权人给予适当的补偿。

【拓展资料】

二维码 3-2　央视《焦点访谈》：长乐东洛岛被卖调查涉嫌内定

二维码 3-3　国土资源部解答温州“20 年到期房”：可正常交易不收续期费

二维码 3-4　无居民海岛知多少

第三节　农村宅基地使用权的案例

一、宅基地使用权是否可以继承

1. 基本案情

某国土局在为一农户办理变更登记时，发现该户已于 1998 年办理了宅基地审批手续，新占旱地 2 分修建住宅。在 2000 年新房建起后，办理了集体土地使用权登记。该户当时由于分户，旧房两间仍由其父母居住，其父拥有老宅基地的合法权属。

2004 年，父母双方去世后，他欲将老宅基地住房权属变更给自己，将老宅翻修。由于家中无其他兄妹，他是唯一的合法继承人，老宅理应由他继承。但他本人已拥有一处新宅基地，如果将老宅基地为其办理过户登记，又违反了 2004 年《土地管理法》第六十二条第一款之规定：农村村民一户只能拥有一处宅基地，其宅基地的面积不得超过省、自治区、直辖市规定的标准；而且过户后他极有可能将翻建的老宅私下买卖或出租，所以至今未为其办理。另外，如果将老宅通过集体建设用地使用权以流转方式转让于他，是否可以？

2. 案例评析

当事人继承房屋形成一户两宅或多宅与《土地管理法》第六十二条第一款“农村村民一户只能拥有一处宅基地”的规定不矛盾。1982 年《宪法》第十三条规定：“国家保护公民的合法收入、储蓄、房屋和其他合法财产的所有权。国家依照法律规定保护公民的私有财产的继承权。”根据物权原理，对普通房屋这种财产权的继承，其内涵主要是指对其具有的使用价值的继承，而当其不具有使用价值时，也就不再具有财产的性质内涵而继承了。

农村村民使用的宅基地，实行的是划拨用地与房地产权利主体一致原则。所以，从保护公民私有财产的《宪法》原则出发，1995 年《确定土地所有权和使用权的若干规定》第四十九条规定：“继承房屋取得的宅基地，可确定其集体土地建设用地使用权。”第五十一条规定：“按照本规定第四十五条至第四十九条的规定，确定农村村民宅基地的集体土地建设用地使用权时,其面积超过当地政府规定批准的,可在土地登记卡和土地证书内注明超过标准面积的数量,以后分户建房或现有房屋拆迁、改建、翻建或政府依法实施规划重新建设时,按当地政府规定的面积标准重新确定使用权,其超过部分退还集体。"

在实际管理中,通行的做法是,对继承的房屋,一般不批准翻建,待房屋损坏(即不再具有使用价值)或拆除后,由集体经济组织依法收回宅基地。此原则同样适用因接受转让、购买房屋等方式形成的一户两宅的管理。

关于将老宅基地通过集体建设用地使用权流转方式转让于当事人的做法,其实质是"有钱就可以一户两宅、一户多宅"的翻版,是万万使不得的。

二、宅基地使用权是否可以转让

1. 基本案情

王老汉一生没娶媳妇,与弟弟和早年收养的女儿王曼曼一起生活,后来弟弟去世,女儿出嫁,王老汉只能独居。2011 年 1 月 11 日,为了日后的生活保障,王老汉与本村的吴大爷签订了协议书,约定吴大爷向王老汉一次性支付 5 万元购买他居住的房产,同时约定,王老汉仍在原处居住至百年。

此后,王老汉与吴大爷一直和平共处,吴大爷支付钱款后,按照约定继续让王老汉居住。王老汉身体还算健朗,用卖房得来的 5 万元打理自己生活,再加上女儿不时地探望照顾,日子过得倒也安稳。

2018 年 6 月,王老汉听说,因为市政建设,他的住房可能要拆迁,能获得一笔数目不小的补偿金。听到这些,王老汉激动不已,他仔细想想卖房子的事,觉得自己和吴大爷买卖这个房子,其实是违法的。因为农村村民一户只能有一处宅基地,吴大爷已经有宅基地了,不能再买自己的宅基地了。另外,按照《土地法》的规定,依法改变土地权属和用途的应该办理土地证。他们双方虽然签订了协议书,但房子既没有交付,也没有进行权属变更登记,房子还是应该归自己所有。王老汉提出,双方之前签订的购房协议书应当作废,自己将 5 万元返还给吴大爷,吴大爷应该把房子还给自己。

对于王老汉的说法,吴大爷坚决不同意。他表示,房屋买卖协议书履行七年了,王老汉从没有说过不字,现在听说要拆迁,就称协议书无效,翻脸不认人。自己和王老汉是一个村的,协议书上白纸黑字写得很清楚,出售的是房产不是宅基地,宅基地随房使用,协议书是合法有效的。

双方争执不下,王老汉一气之下,向法院提起诉讼,要求解除双方签订的购房协议书。

思考问题:村民能否购买同村宅基地上的房产?

2. 案例评析

2004 年《土地管理法》第六十二条第一款规定:农民一户只能拥有一处宅基地;而第四款规定:农民出卖、出租住房后,再申请宅基地的,不予批准。

由上述规定可见,法律并不禁止农民出租、出卖自己的房屋,仅仅是出卖、出租后需承担不被批准宅基地申请的不利后果。另外,农村宅基地具有福利性质,故仅供同一集体经济组织成员之间享有。宅基地受让人可以通过正常的房屋买卖、结婚、遗产继承等方式继受取得宅基地上房屋的所有权。因此，吴大爷购买同村村民王老汉的房屋符合法律规定，合法有效。

庭审上，王老汉还表示若涉案房屋拆迁，自己将居无定所，而且自己女儿王曼曼并不同意卖房，擅自出卖侵害了她的合法权益。

至于王曼曼有无资格主张权利，因为房屋建设时，王曼曼尚年幼，没有能力参与建设，不可能是房屋共有人。退一步讲，即使王曼曼系共有人，涉案房屋出售至今已经七年之久，吴大爷已经将原来的房屋翻建，王曼曼对翻建房屋的事实明知却没有提起异议。2012 年《最高人民法院关于审理买卖合同纠纷案件适用法律问题的解释》第三条规定：当事人一方以出卖人在缔约时对标的物没有所有权或者处分权为由主张合同无效的，人民法院不予支持。因此，王曼曼无权主张权利。

三、申请分户是否可以重新分得宅基地

1. 基本案情

1999 年，浙江省玉环县城郊村村民林伟一家共 5 口人批得 110 米^2 宅基地。2003 年，林伟继承了其父母的一座房屋，至此，一家 5 口人拥有占地面积 161 米^2 的 3 座房屋。2001 年，林伟的两个女儿分别以自己为户主在本村单独立户，并从外村迁入了她们丈夫的户口。因为没有地方居住，她们各自申请了一块宅基地。二女开始建房后，城郊村部分村民反应强烈。土地审批机关经调查，认为林伟一家的宅基地面积已超过县人民政府规定的限额标准，其分户时没有将原住宅进行析产，应视为已有住宅。因此，土地审批机关撤销了二女的建房用地批准。

2. 专家观点

就本案而言，有两种不同观点。

第一种观点认为：二女的宅基地应当给予批准。她们仅仅是居住在父母家，并不享有父母所建房屋的所有权。出嫁后，她们与迁入的丈夫单立一户，符合《户口登记管理条例》中“户”的概念。农村宅基地的取得是以“户”为单位，是否为一户，应当根据户口簿来判断。

第二种观点认为：二女已有住宅，她们的父母申请建房时，已将她们作为家庭成员报批，取得的宅基地中包含了她们的份额。因此，土地审批机关不能再批准她们的宅基地。

3. 案例评析

“一户一宅”是《土地管理法》确立的农村村民宅基地审批原则，但何谓“一户”，却值得我们深思与探讨。

《土地管理法》第六十二条规定：农村村民一户只能拥有一处宅基地，其宅基地的面积不得超过省、自治区、直辖市规定的标准。1994 年《浙江省土地管理实施办法》第四十三条规定：严格限制宅基地面积。农村私人建房其宅基地面积标准(包括附属用房、庭院用地)，大户使用耕地的最高不得超过 125 米^2，使用非耕地的最高不得超过 140 米^2。大、中、小户的

划分和建房用地的限额标准,由县级人民政府根据当地实际情况,作出具体规定。《玉环县农村村民住宅用地管理办法》第九条规定:农村村民一户只能拥有一处宅基地。每户宅基地限额标准:3人以下(含3人)的小户安排一间,使用农用地面积不得超过57米^2;4～5人的中户安排两间,使用农用地面积不得超过115米^2;6人以上的大户安排三间,使用农用地面积不得超过125米^2。第二十四条规定:以所有家庭成员作为一户申请批准宅基地后,符合分户和再申请建房条件未将住宅办理分家析产的,其宅基地申请不予批准。从上述规定中可以看出:①村民一户只能拥有一处宅基地;②严格限制宅基地面积,且由县级政府具体规定;③以所有家庭成员作为一户申请批准宅基地后,如再申请,要对原有住宅进行析产。

当初,如果林伟不把二女作为家庭成员报批,就不可能批得110米^{2}的宅基地,这是问题的根本所在。只要未经析产,二女就仍享有该房产。因此,以自己为户主在本村单立一户,这个"户"只能认定为《户口条例》中的"户",但不是《土地管理法》等相关土地法规中所确定的可申请宅基地的"户"。她们出嫁后,只要住宅已达标,就不应再申请宅基地。

析产是村民审批宅基地的一个非常重要的因素。至2003年,林伟一家5人已有161米^{2}的宅基地。假如他们分户时不析产便可获批宅基地,那么,他们家的宅基地就会越来越大,这明显有悖于法律规定,也有悖于节约和合理使用土地的原则。

析产又称财产分析,是指财产共有人通过协议的方式,根据一定的标准,将共同财产予以分割,而分属各共有人所有。析产一般发生在大家庭分家或者夫妻离婚时对财产的处理中。

四、宅基地互换协议是否有效

1. 基本案情

冯某的宅基地与魏某的宅基地相邻,冯某的宅基地位于西边,魏某的宅基地位于东边。两块宅基地的宽度均为8米,长16米,面积均为128米^2。冯某与魏某也均于1996年2月12日分别取得县土地管理局颁发的用地证书。1999年5月6日,冯某与魏某经协商签订了一份《宅基地互换协议书》,该协议书约定:冯某与魏某双方互换调整宅基地位置,即原来冯某位于西面的宅基地与魏某位于东面的宅基地互换位置,双方所持的土地使用证书中的土地尺寸不变,协议签订后的任何一方不得后悔,否则负全部经济责任。

2001年9月18日,冯某在尚未办理宅基地使用权变更登记手续时便在换得魏某宅基地的位置上动工建楼房。2001年12月,冯某建起了一幢四层半高、建筑面积576米^{2}的楼房。在冯某建房的过程中,魏某知道但未提出异议。2002年4月27日,魏某以双方换地尚未办理正式过户手续,冯某侵占其宅基地为由向法院提起诉讼,要求冯某退出侵占的128米^{2}宅基地,恢复原状。在庭审中魏某变更诉讼请求,要求冯某赔偿其该购地款15万元及利息。冯某和魏某在庭审中均承认没有办理换地权属变更登记手续是由于当时法律意识不强。

2. 专家观点

1)宅基地互换协议无效

冯某与魏某所签《宅基地互换协议书》尚未产生法律效力。2009 年根据《民法通则》第五十五条和《合同法》的相关规定,一个合同要产生法律效力必须具备三项条件:一是行为人具有相应的行为能力;二是当事人的意思表示真实;三是不违反法律或社会公共利益。本案中的协议除应具备上述一般要件外,还须具备办理登记的特别有效要件才能生效。因为根据 1999 年《合同法》第四十二条、2004 年《土地管理法》第十二条和 1999 年《土地管理法实施条例》第六条的规定,土地所有权、使用权的变更,必须办理土地变更登记手续,且自变更登记之日起开始生效。按照上述规定,本案中的协议只具备了合同的一般生效要件,未具备合同的特别生效要件,所以该合同是无效合同。

冯某如拆除房屋,经济损失应由冯某与魏某共同负担。根据《合同法》第五十八条的规定,合同无效,双方应返还财产,各自承担相应责任。本案中双方均有过错,所以,冯某的经济损失应由双方分担。

当然,本案如能调解是最好的。通过调解,双方同意补办土地变更登记手续,合法调换土地使用权,保留冯某的房屋,这样双方都可避免损失。

2)宅基地互换协议应认定为无效

冯某与魏某宅基地互换协议应认定为无效。冯某与魏某所在的县级以上人民政府土地行政主管部门应责令两人停止违法行为。

我国实行土地的社会主义公有制,也就是说土地分为国有和集体所有,个人只有土地使用权而没有所有权。任何单位和个人未经批准,不得侵占、买卖或以其他方式非法转让土地。冯某与魏某未经有批准权的人民政府批准,私自签订协议交换宅基地的行为应视为以其他形式非法转让土地,违反了 2004 年《土地管理法》第二条和 1999 年《土地管理法实施条例》第六条规定,土地行政主管部门应根据《土地管理法》第七十三条规定予以行政处罚:若冯某与魏某在非法转让此宅基地过程中有非法所得,应予以没收;若该幢建筑物符合土地利用总体规划,应予以没收在非法转让的土地上新建的建筑物和其他设施,可以并处罚款;不符合土地利用总体规划的,应限期拆除在非法转让的土地上新建的建筑物和其他设施,恢复土地原状。当地法院应根据《合同法》第五十二条规定认定该份协议无效,予以解除。

3. 相关法规

2004 年《土地管理法》第二条:任何单位和个人不得侵占、买卖或者以其他形式非法转让土地。

1999 年《土地管理法实施条例》第六条规定:依法改变土地所有权、使用权的,因依法转让地上建筑物、构筑物等附着物导致土地使用权转移的,必须向土地所在地的县级以上人民政府土地行政主管部门提出土地变更登记申请,由原土地登记机关依法进行土地所有权、使用权变更登记。土地所有权、使用权的变更,自变更登记之日起生效。依法改变土地用途的,必须持批准文件,向土地所在地的县级以上人民政府土地行政主管部门提出土地变更登记申请,由原土地登记机关依法进行变更登记。

2004 年《土地管理法》第七十三条规定:买卖或者以其他形式非法转让土地的,由县级以上人民政府土地行政主管部门没收违法所得；对违反土地利用总体规划，擅自将农用地改为建设用地的，限期拆除在非法转让的土地上新建的建筑物和其他设施，恢复土地原状；对符合土地利用总体规划的，没收在非法转让的土地上新建的建筑物和其他设施，可以并处罚款；对直接负责的主管人员和其他直接责任人员，依法给予行政处分，构成犯罪的，依法追究刑事责任。

1999 年《合同法》第五十二条规定，有下列情形之一的，合同无效：①一方以欺诈、胁迫的手段订立合同，损害国家利益；②恶意串通，损害国家、集体或者第三人利益；③以合法形式掩盖非法目的；④损害社会公共利益；⑤违反法律、行政法规的强制性规定。

4. 案例评析

首先，从我国土地管理的规定分析。我国 2004 年《土地管理法》第十二条规定：依法改变土地权属的，应当办理变更登记手续；第八十二条规定：不办理土地变更登记的，由县级以上人民政府土地行政主管部门责令其限期办理。可见，土地所有权、使用权的转移不经变更登记，不具有法律效力，即不仅不能以其权利变更对抗第三人，而且在当事人之间也不发生权利变动的后果。而作为土地监督、检查、处理土地违法案件的土地行政主管部门，发现有关权利人未依法办理土地权属变更登记，或者土地行政主管部门接到有关单位或者个人未办理土地变更登记的检举、申诉，应当查明事实。如果证据充分、事实清楚，土地行政主管部门应当作出责令限期办理变更登记的决定。当事人在接到责令限期办理的决定书后，应当在该决定书限定的期限内办理变更登记，同时还可以申请行政复议或者向有关人民法院起诉。如果当事人不按土地行政主管部门的决定办理土地权属变更登记，其原有的宅基地权利将不受法律保护。

本案冯某与魏某签订协议互换宅基地后，冯某已在魏某原来的宅基地上建起楼房，双方的换地事实清楚。现魏某出于某种原因反悔，以未办理变更登记为由要求冯某退出该宅基地，恢复原状，或要求冯某赔偿其购地款，于法不应得到支持，而应由当地人民政府土地行政主管部门作出决定责令其办理变更登记。

其次，从我国《合同法》的有关规定分析。冯某与魏某所签订的互换宅基地协议已经成立，只是由于没有到土地行政主管部门办理变更登记，故尚未生效。但是，当事人自愿订立的合同，必须依照诚实信用的原则，正确、完全地行使权利和履行义务，不得滥用权利、不履行义务。本案涉及所互换的两块宅基地，双方均具有独立的支配处置其宅基地的权利，既然冯某与魏某已签订换地协议，并且双方已将标的物即各自的宅基地交付对方，冯某也已经在魏某原有的宅基地上建上楼房，冯某没有缔约过失的责任。因此，冯某与魏某均应互相负有将该换地协议履行完毕，即到土地行政主管部门办理变更登记的义务。

最后，从物权变动原因分析。交换、转让合同是物权变动的原因，而登记则是确定物权变动的效力。由于宅基地是一种基本的生产、生活资料，其权属的稳定性、流转的安全性，均会对社会秩序及人们的生活产生重大影响。因此，国家才通过登记的形式把这种特殊物权的存在与流转的过程记载下来，并向社会公示，以便预防和减少纠纷，便于国家进行监督和管理，也有利于当事人交易的安全。

五、宅基地使用权的纠纷

1. 基本案情

2000 年 3 月，某供销社综合商店将其所有的四间房屋以每间 22500 元的价格转让给被告杜某。原告刘某得知后，以其中的一间房屋在转让时由自己租赁使用，自己享有优先购买权为由提出异议。后经该综合商店的负责人出面调解，原、被告达成书面协议，由被告杜某将自己购买的四间房屋中最东面的一间转让给原告刘某，但四间房屋仍以被告名义购买。同年 4 月，原告向被告支付转让费 22500 元。原、被告购买房屋后，一直未办理土地使用权变更登记和房屋所有权变更登记。2006 年 4 月，原告将自己所购买的一间房屋拆除重建。在施工时，被告以原告对该土地无合法的使用权为由，阻挡原告施工。原告遂诉至法院，要求法院确认原告对该宅基地享有合法的使用权，并判令被告停止侵害。法院审理后认为本案所涉及的土地系国有土地，原告在购房后未办理房产变更登记和土地使用权变更登记，在重新修房时也未经土地行政管理部门审批，对该土地不具有合法的使用权。原、被告因该土地使用权发生纠纷，应先由有关行政机关处理，不能直接向人民法院起诉。因此，法院裁定驳回原告起诉。2008 年 1 月，原告以相邻损害防免关系纠纷为案由，再次起诉，要求法院判令被告停止侵害，并赔偿其经济损失。

2. 专家观点

第一种观点认为，原告刘某以相邻损害防免关系为案由起诉，仅要求被告停止侵害而不要求确认土地使用权，法院应以原告不具有合法的土地使用权，其诉讼请求不成立为由，判决驳回原告的诉讼请求。

第二种观点认为，因原告对建房所占用的土地不具有合法的土地使用权，该案不属人民法院主管，应裁定驳回原告起诉。

3. 案例评析

本案原告起诉的案由是相邻损害防免关系纠纷，但本案不是相邻损害防免关系纠纷，这是因为：①相邻损害防免关系纠纷是以合法权益受到侵害为前提的，受到侵害的利益必须要具有合法性。而本案原告在购买房屋后未办理房产权属登记和土地使用权变更登记，其修房也没有经过土地管理部门审批。因此，原告的修房行为本身就不具备合法性，是违法的。②从双方诉争的法律关系来看，本案被告阻挡原告修房施工，并非是认为原告修房影响了被告的权益，而是认为原告对修房所占用的土地没有合法的使用权。也就是说，双方诉争的焦点问题是土地使用权，而不是修房行为本身。③原告的诉讼请求中虽然没有明确要求法院对宅基地的使用权予以确认，但原告要求判决被告停止对其修房行为的侵害，本身就隐含着要求法院对其修房所占用土地使用权予以确认的诉讼请求，而且，原告对土地是否享有合法的使用权，是人民法院在立案或案件审理阶段必须首先查明的事实。因此，本案仍然是宅基地使用权纠纷。

2004 年《土地管理法》第十六条规定：当事人因土地使用权发生争议，由当事人协商解决，协商不成的，由人民政府处理。对人民政府的处理决定不服的，可以在接到处理决定通知之日起 30 日内向人民法院起诉。当事人因土地使用权发生争议，行政部门处理是前置程序。因此，当事人因修房所占用土地的使用权发生争议，应先由有关行政部门处理，对处理决定不服的，可以提起行政诉讼，而不能不经行政机关处理直接向人民法院提起民事诉讼。当事人不经行政部门处理而直接向人民法院起诉，不属人民法院的受案范围，不应受理，受理后发现不符合受理条件的，应裁定驳回起诉。

原告刘某第一次以宅基地使用权纠纷为案由起诉，被法院裁定驳回起诉后，将案由改为相邻损害防免关系纠纷，且诉讼请求中去掉了要求法院确认其对土地享有使用权的内容，但双方诉争的法律关系并没有发生变化，仍然是土地使用权纠纷。因此，仍应裁定驳回起诉。

总之，依据相关法律规定，无论是从产权关系上还是纠纷调处程序上，均应裁定驳回原告起诉。

六、宅基地建房是否需要审批

1. 基本案情

甲村村民张甲与张乙、张丙兄弟三人均居住在父母留下的宅基地上，三人同属一个户籍，户主为张甲。父母去世后，宅基地登记的土地使用权人为张甲。不久前，张乙和张丙想在该处宅基地上修建房屋，但张甲不同意。张甲认为，这块宅基地登记在自己名下，就应属于自己一个人，就算是兄弟也不能在他的宅基地上建房。而张乙和张丙则认为，宅基地是父母留下的，自己也是该户的成员，理应享有在该宗地上建房的权利。

2. 案例评析

农村村民的宅基地是以户为单位申请的，同时也是以户为单位享有的。根据《土地管理法》第六十二条第一项的规定，农村村民一户只能拥有一处宅基地。虽然宅基地使用权人通常登记为户主的名字，但这并不否认同户的其他成员共同享有该宅基地使用权。因此，本案中，张乙、张丙和张甲作为同一户的村民，对本案宅基地均享有权利，可以在该宗地上修建房屋。另外，根据 2004 年《土地管理法》第六十二条第二款和《国土资源部印发〈关于加强农村宅基地管理的意见〉的通知》第二条的规定，农村村民修建住宅，应当符合乡（镇）土地利用总体规划，并尽量使用原有的宅基地和村内空闲地，为了保证新建住宅用地符合法律规定，自家宅基地上新建房屋也需要申请，经乡（镇）人民政府审核，由县级人民政府批准后，才可动工兴建。因此，张乙、张丙在原宅基地上修建房屋符合土地用途，是对宅基地的合理利用。二人修建住宅的行为合法，办理利用原有宅基地建房的审批手续后即可开工，张甲无权阻止。

七、遗赠的农村房屋可否登记

1. 基本案情

某村村民张某在宅基地上建有房屋并长期居住，因无法定继承人，张某订立遗嘱决定在其去世后将该房屋赠予其好友李某(城镇居民)。张某去世后,李某拿到该房屋钥匙并时常下乡居住。现该村正在开展宅基地确权登记发证工作,请问这种情况应如何处理?

2. 专家观点

受遗赠人对遗嘱人合法所有的房屋依法享有受遗赠权,其因受遗赠取得的房屋所有权应当依法予以登记。

农村居民在合法取得的宅基地上建造的房屋属于其合法财产。在农村居民死亡时,该房屋属于《继承法》第三条所规定的遗产。1985 年《继承法》第十六条第三款规定“公民可以立遗嘱将个人财产赠给国家、集体或者法定继承人以外的人”,法律上将此称为“遗赠”。据此,李某有权取得张某遗赠的农村房屋的所有权。不过应当注意的是,《继承法》第二十五条第二款规定:“受遗赠人应当在知道受遗赠后两个月内,作出接受或者放弃受遗赠的表示。到期没有表示的,视为放弃受遗赠。”如果李某在知悉受遗赠后两个月内未表示接受遗赠,那么就不享有受遗赠权,也就不能取得房屋所有权。

本案中,李某在张某去世时即完全取得该房屋的所有权,登记机构应当依法予以登记,切实保护李某的合法权益。应当指出的是,必须把遗赠与“借赠予之名行买卖之实”的行为区分开来,后者在本质上违反了国家禁止城镇居民到农村购房的规定,因此是无效的。

3. 案例评析

1)根据“房地一体”的原则与规定,宅基地使用权应当一并进行确权登记

我国原则上禁止宅基地使用权流转,即宅基地使用权的买卖、赠予、出资入股、抵押等原则上均不允许。但是,宅基地上所建房屋与宅基地事实上不可分割,承认和依法保护城镇居民因受遗赠而取得的农村宅基地上房屋的所有权,就必然要肯定其继续使用宅基地的事实。2007 年《物权法》第一百四十七条规定:建筑物、构筑物及其附属设施赠予的,该建筑物、构筑物及其附属设施占用范围内的建设用地使用权一并处分。这表明,在房屋所有权遗赠的同时,房屋占用范围内的宅基地使用权也一并移转。尽管现行规定对城镇居民受遗赠农村房屋所占用宅基地使用权的登记问题予以明确,但考虑到继承权和受遗赠权都是《继承法》所规定的同类型权利,两者除了权利人在是否具有法定继承人资格这一点不同外,并无其他本质区别,故本案也应参照国土资源部等部门《关于农村集体土地确权登记发证的若干意见》(国土资发〔2011〕178 号)中“已拥有一处宅基地的本农民集体成员、非本农民集体成员或城镇居民因继承房屋占用农村宅基地的,可按规定登记发证”的规定,对李某受遗赠房屋占用范围内的宅基地使用权进行确权登记。

2)加强对城镇居民因受遗赠取得的宅基地使用权的管理

城镇居民虽有权依法继承或受遗赠而取得农村宅基地使用权,但毕竟不具备农村集体经济组织成员的身份,这与宅基地使用权的福利保障性质存在一定冲突,必须加强管理。登记时应当参照国土资发〔2011〕178 号文件的规定,在不动产登记簿和不动产权证书“附记”栏中注明“该权利人为本农民集体原成员住宅的合法受遗赠人”等内容。宅基地上房屋自然损毁的,应当依法收回宅基地使用权。此外,各地可以根据有关政策探索实行宅基地有偿使用制度,对于符合 2004 年《土地管理法》第六十五条规定情形的,可以依法收回宅基地使用权。

八、因继承房屋形成的一户两宅是否违法

1. 基本案情

在为一农户办理变更登记时，我们发现该户已于1998年办理了宅基地审批手续，新占旱地2分修建住宅。在2000年新房建起后，办理了集体土地使用权登记。该户当时由于分户，旧房两间仍由其父母居住。其父拥有老宅基地合法权属。

父母双方去世后，他欲将老宅基地住房权属变更给自己，将老宅翻修。由于家中无其他兄妹，他是唯一的合法继承人，老宅理应由他继承。但他本人已拥有一处新宅基地，如果将老宅基地为其办理过户登记，又违反了2004年《土地管理法》第六十二条第一款之规定：农村村民一户只能拥有一处宅基地，其宅基地的面积不得超过省、自治区、直辖市规定的标准；并且他极有可能将翻建的老宅私下买卖或出租。故至今未为其办理。另外，如果将老宅通过集体建设用地使用权流转方式转让于他，是否可以？

2. 案例评析

当事人继承房屋形成一户两宅或多宅与2004年《土地管理法》第六十二条第一款“农村村民一户只能拥有一处宅基地”的规定不矛盾。1982年《宪法》第十三条规定：“国家保护公民的合法收入、储蓄、房屋和其他合法财产的所有权。国家依照法律规定保护公民的私有财产的继承权。”根据物权原理，对普通房屋这种财产权的继承，其内涵主要是指对其具有的使用价值的继承，而当其不具有使用价值时，也就不再具有财产的性质内涵而继承了。

农村村民使用的宅基地，实行的是划拨用地与房地产权利主体一致原则。所以，从保护公民私有财产的《宪法》原则出发，1995年《确定土地所有权和使用权的若干规定》第四十九条规定：“继承房屋取得的宅基地，可确定其集体土地建设用地使用权。”第五十一条规定：“按照本规定第四十五条至第四十九条的规定，确定农村村民宅基地的集体土地建设用地使用权时，其面积超过当地政府规定批准的，可在土地登记卡和土地证书内注明超过标准面积的数量，以后分户建房或现有房屋拆迁、改建、翻建或政府依法实施规划重新建设时，按当地政府规定的面积标准重新确定使用权，其超过部分退还集体。”

在实际管理中，通行的做法是，对继承的房屋，一般不批准翻建，待房屋损坏（即不再具有使用价值）或拆除后，由集体经济组织依法收回宅基地。此原则同样适用因接受转让、购买房屋等方式形成的一户两宅的管理。

思考问题：非农业人口或外村、外乡人能否继承？

第四节 农村承包地使用权的案例

一、土地承包经营权是否可继承

1. 基本案情

河南省滑县人民法院审结了一起土地承包经营权继承纠纷案，原告王某请求继承其父的土地承包经营权被依法驳回。

王某父亲生前随王某弟弟生活。王某每月按约给付赡养费，1998年，根据国家政策对农村土地进行第二轮土地延包时，王某父亲的责任田与王某弟的责任田为一个合同，承包方为王某弟，其父的1.5亩责任田一直由王某弟经营管理。其父因病去世后，王某即与其弟协商，要求耕种其父责任田的一半，其弟未同意。于是，王某就在其父的责任田里种上了小麦。王某之弟知道后便将王某播种的小麦犁掉，重新进行了播种。王某一怒之下将其弟告上了法庭，要求继承其父责任田的一半。

2. 裁定结果

法院审理认为：承包是合同关系，家庭承包是集体经济组织内部农户的承包，以农户为承包单位，承包过程强调公平，承包地具有强烈的社会保障功能。通过家庭承包形式取得的土地承包经营权，家庭的某个成员死亡的，土地承包经营权不发生继承问题。根据2002年《农村土地承包法》第三十一条规定："承包人应得的收益，依照继承法的规定继承。"王某的起诉于法无据，因此，作出上述判决。

3. 案例评析

《农村土地承包法》明确规定："家庭承包的承包方是本集体经济组织的农户。"农村土地承包是以户为单位，只是在分配土地时按照人口计算土地的数量，家庭中部分成员死亡，但作为承包方的农户依然存在，只有承包人死亡，承包经营的家庭消亡的情况下，才存在是否继承问题。

从我国的实际情况出发，为解决无地人口的土地问题，缓解人地矛盾，体现社会公平，对因承包人死亡，承包经营的家庭消亡的，其承包地不允许继承，应当由集体经济组织收回，并严格用于解决人地矛盾。当然，如果承包方的继承人是本集体经济组织的成员，又没有分到承包地的，可以优先承包被继承人的承包地。

承包地虽然不允许继承，但承包人应得的承包收益，如已收获的粮食、未收割的农作物等，作为承包人的个人财产，则应当依照继承法的规定继承。对此，农村土地承包法第三十一条第一款规定："承包人应得的承包收益，依照继承法的规定继承。"继承开始后，按照法定继承办理；有遗嘱的，按照遗嘱继承或者遗赠办理；有遗赠扶养协议的，按照协议办理。法定继承的，继承开始后，由第一顺序继承人继承。继承人可以是本集体经济组织的成员，也可以不是本集体经济组织的成员。承包人应得的承包收益，自承包人死亡时开始继承，而不必等到承包经营的家庭消亡时才开始继承。前面所讲继承的问题，主要指耕地和草地，关于林地能否继承的问题，农村土地承包法第三十一条第二款规定："林地承包的承包人死亡，其继承人可以在承包期内继续承包。"

4. 类似案例

家住嫩江县白云乡的林女士，丈夫 7 年前去世后就与次子王松一同生活，与次子经济一体，长子王贵每月付赡养费 100 元。1998 年第二轮土地承包时，次子王松分得包括母亲在内 4 口人的承包田 32 亩(每口人 8 亩)。2005 年 4 月，林女士病故。长子王贵要求弟弟王松将母亲的承包田分给他 4 亩，王松不从，在多次协商无果的情况下，王贵向法院提起了诉讼。

法院审理后认为，2002 年《农村土地承包法》明确规定："家庭承包的承包方是本集体经济组织的农户。"农村土地承包是以户为单位，只是在分配土地时按照人口计算土地的数量，家庭中部分成员死亡，但作为承包方的农户依然存在，只有承包人死亡，承包经营的家庭消亡的情况下，才存在是否继承问题。据此，法院驳回了王贵要求分得母亲 4 亩承包田的诉讼请求。

二、"农转非"后是否还享有土地承包经营权

1. 基本案情

王某、夏某(女)系夫妻关系，原为汤阴县菜园镇某村村民，育有一子一女，在一轮、二轮土地承包中，以王某为户主承包了该村 6 亩耕地，并签订了土地承包合同。2006 年 10 月，王某将全家户口迁入某县街道，成为城镇户口，并搬离出其原住村庄。2009 年 6 月，该村村委会以王某一家户口已迁出该村，不再属于该村村民为由，强行收回了王某一家的 6 亩耕地。王某不服，于 2012 年 5 月向汤阴县法院提起诉讼，要求继续享有 6 亩耕地的土地承包经营权。

2. 法律依据

本案所争议的问题在于村民户口"农转非"后，是否仍然享有原先的土地承包经营权？我国调整农村土地承包关系的法律主要是《农村土地承包法》。该法第二十六条第二款规定：承包期内，承包方全家迁入小城镇落户的，应当按照承包方的意愿，保留其土地承包经营权或者允许其依法进行土地承包经营权流转。同时该法第二十条规定：耕地的承包期为 30 年。

2002 年《农村土地承包法》第二十六条第三款、第四款规定：承包期间，承包方全家迁入设区的市，转为非农业户口的，应当将承包的耕地和草地交回发包方。承包方不交回的，发包方可以收回承包的耕地和草地。承包期间，承包方交回承包地或者发包方依法收回承包地时，承包方对其在承包地上投入从而提高土地生产能力的，有权获得相应的补偿。

3. 案例评析

(1)本案中,王某在2009年合法持有农村承包经营权证,按照农村承包经营权30年不变的规定,虽然王某将全家户口迁入某县街道,成为城镇户口,但该村村委会应当根据王某一家的意愿,依法保留其土地承包经营权。所以王某向法院提起的诉讼请求,法院应当予以支持。

(2)这里需要注意的是,承包方交回承包地必须满足两个条件,即承包方全家迁入设区的市,并且转为非农业户口。如果承包方全家迁入设区的市,但未转为非农业户口,或者全家转为非农业户口但没有全都迁入设区的市,承包方不愿交回承包地的,发包方不得收回。应当交回的承包地仅限于耕地和草地,不包括林地。

(3)土地承包经营权作为农村的一项最基本的社会保障,在承包期内发包方可否收回,可依据承包方全家是否享受城镇社会保障,而不是依据是否迁入设区的市和是否转为非农业户口。

(4)2002年《农村土地承包法》第二十九条规定:承包期内,承包方可以自愿将承包地交回发包方。承包方自愿交回承包地的,应当提前半年以书面形式通知发包方。承包方在承包期内交回承包地的,在承包期内不得再要求承包土地。

三、奖励性“农转非”后是否还有土地承包权

1. 基本案情

李某丈夫系徐州一煤矿职工,从事深井采煤工作。当初国家为奖励高危作业工人,出台奖励性农转非政策,李某及子女就地转为非农业人口,获取粮油计划供应资格及国家安排工作待遇,但仍在原籍从事农业生产。2004年,村委会以李某及其子女属非农业人口,不具有本村村民资格为由,收回李某承包的土地,另包他人。

滨海县人民法院经审理认为,当初,李某由农民转为非农业人口,是国家对李某丈夫从事深井作业,为国家做出特殊贡献而给予的奖励,目的是给李某送去一份利益。农转非后,因形势发展,政策改变,李某及其子女在粮油供应上较别人没有得到多的好处,没有被安排具体的工作,虽有奖励之名,但无奖励之实。从事农业生产一直是其生存的手段,剥夺其土地经营权,就断了生活来源,造成生活上的困难,使国家的奖励在事实上不仅没有给她带来利益,还使她遭受损失,违反奖励的本质和目的。国家让李某就地农转非,目的就是尊重李某是否经营土地的选择权,不反对,更不禁止其继续从事农业生产劳动,在国家没有给予工作安置,以及其本人没有放弃土地的情况下,国家承认并保护其与其他村民相同的土地承包经营权,任何取消和剥夺其土地经营的行为都是对其权利的侵犯。滨海法院一审判决李某胜诉,继续承包经营自己的土地。

2. 案例评析

从理论上讲,李某办理了农转非,就成为非农业人口,不再是本村村民,不应享受村集体成员享有的土地承包经营权,这是我国工农分工的政策决定的。在计划经济时代,工农因身

份不同，权利义务差别很大，城市居民较农民有舒适的生产环境和优越生活条件，“跳出农门”成为农家子弟的宏愿。如果传统没有改变，李某一定选择离开土地，接受国家安排的工作，其与村委会的纠纷也就不会发生。然而，随着商品经济的产生和发展，国家管理体制发生改变，粮油供应失去了价值，政府没有能力给所有非农业人口分配工作，离开土地，往往意味着失业，李某选择留下无可厚非。其经营土地既可以视为国家给其安排的工作，也可以看作其作为村集体成员应有的权利，国家对其的奖励就是体现在：她耕种土地，不负担其他农民向国家承担的有关费用。因其没有农民身份，没有承担村民义务而剥夺其土地经营权，侵犯了李某应该享有的权利，剥夺了国家对其的奖励，违背公平正义，违反鼓励奉献、奖励先进、保护发展的法律原则和精神。滨海法院跳出具体的法律条文，在条文后寻找法律规范，作出符合公平正义、体现法律精神的判决，是正确的、先进的。

四、无力耕种的承包地是否可以退回

1. 基本案情

原告徐某与被告伍某系亲家关系，伍某之女嫁给徐某之子。徐某原先并非被告村经济合作社的成员，1978 年随儿子、儿媳将户口迁至被告村经济合作社并在该村建房居住，且将户口登记在被告徐某家。1997 年农村集体土地第二轮承包时，徐某应当享有 0.637 亩的土地承包经营权，分别为自留地 0.082 亩、宅基地 0.055 亩、口粮田 0.5 亩。在划分承包土地时，因徐某的儿媳系伍某之女，且徐某的户口登记在伍某家中，村经济合作社便以伍某为户主，将徐某作为伍某的家庭成员，将徐某应当承包经营的土地与伍某夫妇的承包地划分在一起，但当时未明确徐某承包经营土地的具体位置。此后，伍某领取了包括徐某在内的农村土地承包经营权证书，并耕种所承包的土地。在土地二轮承包时，徐某没有到场，之后也未与伍某分割土地承包经营权，也未实际耕种其所承包的土地。伍某在其妻子去世后，伍某便以无能力耕种为由将其名下的 0.64 亩土地当成徐某承包经营的土地，在未征得徐某同意的情况下交还村经济合作社。村经济合作社收回该 0.64 亩土地后安排给他人耕种。此后，徐某将其户口从伍某家中分开，单独立户，因徐某要求伍某从其作为户主所承包的土地中析出 0.637 亩交给自己耕种，但伍某认为自己并未占有徐某承包经营的土地而引起纠纷。

2. 裁定结果

2005 年 3 月 30 日，江苏省海安县人民法院依法受理了原告徐某诉被告伍某农村土地承包经营权纠纷一案，此后根据徐某的申请又依法追加了村经济合作社作为被告参加诉讼。5 月 23 日，该院经过两次公开开庭审理后作出了一审判决，由被告伍某在判决发生法律效力后十五日内将其承包土地中的 0.637 亩分割给原告徐某。

庭审中，原告徐某诉称：“在土地二轮承包时，村经济合作社将我应承包经营的 0.637 亩土地与被告伍某夫妇所承包经营的土地合分在一起，并由伍某代为耕种管理至今，现我想将自己所承包的土地交由儿子、儿媳进行耕种，经多次与伍某协商，伍某不肯交还我所承包的土地，请求判令伍某返还我应承包管理的 0.637 亩的土地使用权，对具体位置不作要求。”被告伍某辩称：“我没有占有讼争的土地，土地二轮承包时，村集体将徐某应承包经营的 0.637

亩土地分在我家，因我年老体弱多病，无能力耕种，在妻子去世后就将徐某应承包经营的土地退还给了村集体，村集体又将该讼争土地安排给他人耕种。”被告村经济合作社经法院合法传唤，无正当理由未能到庭参加诉讼，也未作出任何答辩。

法院经审理后认为，原告徐某作为被告村经济合作社成员，有权依法承包村集体经济组织发包的土地。被告伍某作为户主领取了包括徐某的承包经营权在内的土地承包经营权证书后，应当认定徐某已经享有了合法有效的土地承包经营权，且该权利受法律保护，任何组织和个人不得侵害。被告伍某将其名下的 0.64 亩土地作为原告徐某承包经营的土地份额，在未征得徐某同意的情况下退交村集体，因徐某对该行为未进行追认，对其并不产生法律上的约束力。因徐某已经与伍某分户，其要求伍某退还其承包地，符合法律规定。被告村经济合作社不负有向原告徐某直接返还承包土地的义务。据此，法院遂依照我国《农村土地承包法》等法律和司法解释的规定，作出了上述判决。

3. 专家观点

本案是一起因农业承包地的退回而引起的农村土地承包经营权纠纷。引起本起纠纷的原因在于，本案被告伍某在退回承包地时没有严格遵循我国法律对农业承包地的退回制度。

所谓农业承包地的退回，是指在承包期内，承包方自愿将发包方所发包的全部或者部分土地交给发包方，并不得在承包期内向发包方要求承包地的制度。一般而言，在合同订立后，缔结当事人都必须严格遵守合同的约定，任何一方不得违约，否则就要承担相应的法律责任。但是，为了维护承包方的合法权益，杜绝土地被任意抛荒的现象，使土地资源得到充分的开发利用，我国在 2002 年《农村土地承包法》中首次确立了承包地的退回制度。该法第二十九条规定：承包期内，承包方可以自愿将承包地交回发包方。承包方自愿交回承包地的，应当提前半年以书面形式通知发包方。承包方在承包期内交回承包地的，在承包期内不得再要求承包土地。根据该规定，承包地的退回必须要注意以下五点：一是退回土地的主体必须是承包者，即享有土地承包经营权的人；二是自愿原则，任何单位或者个人不得强迫承包方退回土地；三是时间要求，承包方应当提前半年通知发包方；四是形式要求，承包方必须向发包方书面提出申请，口头提出的不具有法律效力；五是不得反悔要求，承包方一旦将土地退回，在承包期内其将无权再向发包方要求承包地。本案中，被告伍某和原告徐某在二轮土地承包后并没有对承包地进行分割，原告徐某也未实际耕种承包地。因此，人民法院在审理中无法确定在被告伍某名下的哪一块承包地属于原告徐某，被告伍某关于其向村集体合作社所退回的土地就是原告徐某的承包地的说法缺乏依据。在原、被告分户后，被告伍某应当向原告返还承包地。在此，我们希望村经济合作社在涉及土地承包经营权的退回、流转或者变更时，要依法操作，如果当初在被告伍某退回土地时，村经济合作社的经办人向原告徐某征求一下意见，形成书面的记录，那么就不至于引起本案的纠纷。

4. 相关法规

2004 年《土地管理法》第十六条规定：当事人因土地使用权发生争议，由当事人协商解决，协商不成的，由人民政府处理。对人民政府的处理决定不服的，可以在接到处理决定通知之日起 30 日内向人民法院起诉。当事人因土地使用权发生争议，行政部门处理是前置程序。因此，当事人因修房所占用土地的使用权发生争议，应先由有关行政部门处理，对处理决定不服的，可以提起行政诉讼，而不能不经行政机关处理直接向人民法院提起民事诉讼。当事人不经行政机关部门处理而直接向人民法院起诉，不属人民法院的受案范围，不应受理，受理后发现不符合受理条件的，应裁定驳回起诉。

5. 案例评析

问题的关键在于侵权纠纷与土地权属争议的区别及处理方法。

1)土地侵权纠纷与土地权属争议的内涵和区别

(1)土地侵权纠纷的定义和内涵　土地侵权纠纷是指在土地权属明确的情况下，因对他人依法取得的土地权利构成侵害而引起的纠纷，包括集体土地所有权、国有土地使用权、集体土地使用权及土地他项权利受到侵犯而引起的纠纷。

土地侵权纠纷包括：①侵犯土地所有权。如超过批准征地数量占用农民土地，构成对集体土地所有权的侵害。②侵犯土地使用权。如在他人的土地上建设违章建筑、行政机关非法处分农民承包的集体土地等。③侵犯他项权利。如对已设定抵押权的土地进行任意处置，构成对他项权利的侵害等。

(2)土地权属争议的定义和范围　土地权属争议是指因土地权属不明而导致的土地所有权或者土地使用权归属争议。土地权属争议包括土地所有权纠纷和土地使用权纠纷。

(3)土地侵权纠纷与土地权属争议的区别　前者是在土地权属已经确定的情况下发生的侵犯土地权利行为而引起的纠纷，后者则是土地权属不明导致的纠纷。

2)土地侵权纠纷与土地权属争议的解决方法

(1)土地侵权纠纷的解决方法　侵权纠纷的解决，当事人可以申请行政调处，也可以直接向人民法院提起民事诉讼；侵权纠纷不受行政处理后30日的诉讼时效限制；在侵权纠纷中，被侵权人对行政调处不服的，应以侵权人为被告提起民事诉讼。

(2)土地权属争议的解决方式　2004年《土地管理法》第十六条规定：发生土地权属争议的，由当事人协商解决；协商不成的，由人民政府处理。即当事人之间发生土地权属争议，经协商不能解决的，可以依法向县级以上人民政府或者乡级人民政府提出处理申请，也可以向有关的国土资源行政主管部门提出调查处理申请。受理土地权属争议处理申请的政府或主管部门，应当在查清事实、分清权属关系的基础上先行调解，促使当事人以协商方式达成协议。如果调解未达成协议的，受理部门应当及时作出处理决定。当事人对受理部门作出的处理决定不服的，可以依法申请行政复议或者提起行政诉讼。

五、女子出嫁后承包地是否要被收回

1. 基本案情

齐某系某村农民，2001年1月，以齐某为户主的一家4口承包了本村10亩家庭承包地，并取得了土地承包经营权证。2006年12月，齐某的女儿结婚嫁到外村。由于该村所留机动地紧张，其在夫家始终未取得家庭承包地。2007年10月，齐某所在村的村委会依据自定的村规民约，收回了齐某女儿的25亩承包地，作为家庭承包地补给本村村民魏某经营管理。齐某认为村委会收地的行为违法，多次要求村委返还却遭拒绝。2007 年 11 月，齐某以侵害其承包地使用权为由将该村委会及村民魏某诉至法院。

2. 案例评析

齐某作为本村村民与村委会签订的土地家庭承包合同符合法律规定，并经县政府确权，为有效合同，合同双方应严格执行。2007 年《物权法》第一百三十一条规定：承包期内发包人不得收回承包地。农村土地承包法等法律另有规定的，依照其规定。因此，齐某依法享有的土地承包经营权受法律保护，发包方无法定理由及未经法定程序不得收回。村委会以齐某的女儿婚嫁外村为由收地的行为违反法律规定，应当返还。但由于该承包地已承包给魏某，由村委会返还已不可能，应由魏某返还。村委会违法收地给齐某造成的经济损失，应当给予赔偿。具体赔偿数可据双方对农作物纯收入的认可数并结合实际情况予以确认。

另外，2007 年《物权法》第一百三十二条规定：承包地被征收的，土地承包经营权人有权依照本法第四十条第二款的规定获得相应补偿。

六、是土地侵权纠纷还是土地权属争议

1. 案情介绍

起诉人：琼山县桂林洋振家村农工。代表人：张祖旭，男，该村农工。

起诉人：琼山县桂林洋高山村农工。代表人：林方吉，男，该村农工。

起诉人：琼山县桂林洋道立村农工。代表人：陈德光，男，该村农工。

上列 3 个起诉人振家村、高山村、道立村原系琼山县美兰人民公社所属的 3 个大队。1962 年，中共海南区党委第 33 号文件决定，将该 3 个大队划归国营桂林洋农场管辖，该 3 个大队由集体所有制改变为全民所有制，原所有的土地、山林、水库等土地资源转归国家所有，由国营桂林洋农场统一经营管理；原社员随之转为全民所有制农工，由国营桂林洋农场发放工资，享受农场工人生活福利、医疗费等劳动保护、福利待遇。该 3 个村并入农场后，其具体分配方式先是实行自负盈亏、以产计资的分配制度；1972 年至 1981 年实行工资制；1981 年后实行联产承包制，不再发工资，但仍享受公费医疗待遇。1992 年因经济开发的需要，国营桂林洋农场将其部分土地出让给有关单位，并对 3 个村的农工进行了补偿，但有部分农工还未领取补偿费用。由于少数人的作梗，3 个村的农工不让进行开发，后经有关部门说服、教育，不再阻挠开发。1993 年 11 月底，3 个村的农工以自己不是农场工人，国营桂林洋农场非法毁坏其自留地为理由，起诉至海南省高级人民法院，要求国营桂林洋农场赔偿经济损失共计 31333080 元。

2. 裁定结果

海南省高级人民法院接到起诉状后，经审查认为：国营桂林洋农场将土地出让给有关单位，3 个村的农工对此提出起诉，不属于人民法院受理的民事诉讼范围。依照 1991 年《中华人民共和国民事诉讼法》（以下简称《民事诉讼法》）第一百一十二条的规定，于 1993 年 12 月 9 日裁定如下：对琼山县桂林洋振家村、高山村、道立村的起诉，本院不予受理。该 3 个村不

服此裁定，以一审法院裁定不予受理本案没有法律依据为理由，上诉至最高人民法院。最高人民法院经审查认为：根据《民事诉讼法》第一百一十一条第（三）项的规定，本案应由有关的行政主管部门处理，不属人民法院受理范围，一审法院裁定不予受理，适用法律正确。依照《民事诉讼法》第一百五十四条、第一百五十八条之规定，于 1994 年 5 月 26 日裁定如下：驳回上诉，维持原裁定。

3. 案件评析

本案的核心问题在于起诉人的起诉是否属于人民法院受理民事诉讼的范围，即是否应由人民法院主管的问题。

首先，起诉人的起诉，否认自己是国营桂林洋农场的职工，其目的在于否认双方之间的劳动法律关系。双方之间不具有行政隶属管理关系，这样，国营桂林洋农场出让了他们的土地，就是侵权行为，就属于平等主体之间的民事纠纷，应由人民法院按民事诉讼受理。但事实是，国营桂林洋农场出让土地时，起诉一方均为其职工，土地是国家所有并由国营桂林洋农场经营管理。因此，起诉人不是土地的所有权人，也不是土地的经营管理权人，不具备民事诉讼所要求的平等主体当事人资格，其起诉就不是民事诉讼。

其次，国营桂林洋农场出让土地后，如何给本场职工予以补偿，应根据有关行政规定依行政职权确定和进行，本场职工如对补偿有意见，首先应按行政程序解决，不能直接提起民事诉讼。

再次，起诉人一方如对当初行政决定转归国营桂林洋农场管辖有意见，也应按行政程序由有关部门解决，此事也不属人民法院民事诉讼管辖范围。

综上所述，本案一审法院裁定不受理起诉人的起诉，二审法院裁定驳回起诉人的上诉，是正确的。按 1991 年《民事诉讼法》第一百一十二条的规定，本案从起诉到裁定，只处在起诉受理审查阶段，因此，是无须通知被告的，在不予受理的裁定书上也不必列上被告，仅列起诉人即可。起诉人不服不予受理的裁定，提起上诉的，二审法院的裁定书上也仅列上诉人即可。因此，本案一、二审法院在这些程序问题上的做法，也是正确的。

第五节　他项权利的案例

一、划拨土地上的房屋出租问题

1. 基本案情

2003 年 4 月，新疆某镇个体户汤某承租某镇中学闲置食堂房屋办养鸡场。镇土地管理所发现后，对其作了调查取证，并报县国土资源管理局，对汤某以非法占地为由给予了相应处罚。镇中学校长杨某认为：汤某租赁的是房屋而不是土地，只需要在房地产管理部门办理登记手续就行。汤某租赁的房屋是学校闲置多年不用的食堂用房，收取租金主要用于弥补教学经费的不足，是合理的，没有必要再向土地管理部门缴纳土地出让金。

思考问题：什么是出让金？划拨土地具有什么权能，能不能出租？

2. 法律依据

1)1994 年《城市房地产管理法》

第五十三条:房屋租赁,出租人和承租人应当签订书面租赁合同,约定租赁期限、租赁用途、租赁价格、修缮责任等条款,以及双方的其他权利和义务,并向房产管理部门登记备案。

第五十五条:以营利为目的,房屋所有权人将以划拨方式取得使用权的国有土地上建成的房屋出租的,应当将租金中所含土地收益上缴国家。具体办法由国务院规定。

2)1990 年《城镇国有土地使用权出让和转让暂行条例》

第四十四条:划拨土地使用权,除本条例第四十五条规定的情况外,不得转让、出租、抵押。

第四十五条:符合下列条件的,经市、县人民政府土地管理部门和房产管理部门批准,其划拨土地使用权和地上建筑物,其他附着物所有权可以转让、出租、抵押:(一)土地使用者为公司、企业、其他经济组织和个人;(二)领有国有土地使用证;(三)具有地上建筑物、其他附着物合法的产权证明;(四)依照本条例第二章的规定签订土地使用权出让合同,向当地市、县人民政府补交土地使用权出让金或者以转让、出租、抵押所获收益抵交土地使用权出让金。转让、出租、抵押前款划拨土地使用权的,分别依照本条例第三章、第四章和第五章的规定办理。

第四十六条:对未经批准擅自转让、出租、抵押划拨土地使用权的单位和个人,市、县人民政府土地管理部门应当没收其非法收入,并根据情节处以罚款。

3)1995 年《新疆维吾尔自治区城镇国有土地使用权出让和转让暂行办法》

第二十四条:规定了限制条件,必须由划拨土地使用权的出租方办理出让手续,与市、县人民政府土地管理部门签订土地使用权出让合同,补缴出让金,办理登记手续后,方可出租土地使用权。

4)2004 年《土地管理法》

第五十六条规定:“建设单位使用国有土地的,应当按照土地使用权出让等有偿使用合同的约定或者土地使用权划拨批准文件的规定使用土地,确需改变该宗土地建设用途的,应当经有关人民政府土地行政管理部门同意,报原批准用地的人民政府批准。其中,在城市规划之内改变土地用途的,在报批前应当先经有关城市规划行政主管部门同意。”

3. 案例评析

(1)《城市房地产管理法》《城镇国有土地使用权出让和转让暂行条例》和原国家土地局《划拨土地使用权管理暂行办法》等法律法规和政策都表明,在出让、租赁、转让、抵押处置房屋和土地时,必须遵循“地随房走”或“房随地走”的原则,两者不能分开。租赁房屋时,承载房屋的土地也随之出租,土地和在其之上的房屋是不能分开的。杨某认为“汤某租赁的是房屋而不是土地,只需要在房地产管理部门办理登记手续”这一观点显然是不正确的,与上述法律法规的规定相悖。

(2)某镇中学出租房屋给汤某办养鸡场,是违法改变土地用途和非法出租土地的行为,本案违法主体应是镇中学。镇中学是以公益事业而取得的划拨土地使用权,若要改变土地用途，理应提交确需改变土地用途的申请书，依照法定的程序办理审批手续，经批准后，方可按新批准的土地用途使用土地。事实上，某镇中学未经批准擅自将房屋出租给以营利为目的的汤某办养鸡场，改变了土地用途，违反了该条款的规定，构成了改变土地用途的违法行为，是本案的违法主体。

(3)所谓非法占地是指单位或个人未经批准，擅自占用土地，采用欺骗手段骗取批准占用土地，以及超过批准的数量多占土地的行为，其显著的特征就是行为人没有取得任何批准文件而擅自占用的土地。

二、未登记的房屋抵押合同是否产生抵押权效力

1. 基本案情

2017 年 10 月，李先生与刘先生签订借款合同，借入 100 万元，期限一年。同时，两人以李先生一套市价 120 万元的房产签订抵押合同，约定如果李先生到期无法偿还借款，刘先生可以行使抵押权优先受偿。2018 年 2 月，为进一步筹措资金，李先生将该套房产以 140 万元的价格售与王先生，并到不动产登记部门办理了过户。10 月，李先生到期无力还款，刘先生讨要无果，发现房屋已经过户，遂提起行政诉讼，诉称不动产登记部门没有查明该宗房产的抵押情况，明显失当，属于登记错误，要求法院确认登记行为违法。不动产登记部门辩称李先生提交的申请材料齐全、符合法定形式，登记部门无过错。

思考问题：李刘两人的借款合同与抵押合同是什么关系、是否产生效力？

现行的制度下刘先生是否取得抵押权、抵押权是否生效？登记部门有过错吗？王先生是否属于善意取得？有抵押权的房地产可以交易（如转让）吗？

2. 法律依据

2007 年《物权法》第一百九十一条第二款规定："抵押期间，抵押人未经抵押权人同意，不得转让抵押财产。"明确了抵押人处分抵押物时，抵押权人享有知情和事先同意的权利。

2008 年《房屋登记办法》第三十四条也规定了抵押物在转移登记时要额外提供抵押权人同意的书面材料。

2014 年《不动产登记暂行条例》第二十九条规定："不动产登记机关因登记错误给他人造成损害需承担赔偿的法律责任。"

3. 案例评析

1)自然人之间的借款合同，自贷款人提供借款时生效

2007 年《物权法》第一百七十二条规定："担保合同是主债权债务合同的从合同。主债权债务合同无效，担保合同无效。"两人签订的抵押合同是为了担保出借资金安全，属于借款合同的从合同。借款合同中，两人借、贷意思表示一致，借款合同自签订之时成立。同时按照《合同法》第二百一十条规定，"自然人之间的借款合同，自贷款人提供借款时生效"，即当刘先生将 100 万元实际交付给李先生时合同生效。

2)房屋抵押权以登记为生效要件

借款主合同成立生效,抵押从合同的效力如何呢?根据《物权法》第一百八十七条的规定:“以建筑物和其他土地附着物抵押的,应当办理抵押登记,抵押权自登记时设立。”即房屋抵押权以登记为生效要件。李先生与刘先生签订的抵押合同属于债权范畴,意思表示一致时,抵押合同成立,产生了债权上的效力,但如果要发生物权上的效力,就必须具备登记要件。所以本例中刘先生虽然有抵押合同(已发生债权效力),但由于没有登记,并没有成功设定抵押权(不发生物权效力),刘先生当然就不能行使抵押权人的权利。

3)不动产登记部门只具有形式审查的义务

2007年《物权法》第十六条规定“不动产登记簿是物权归属和内容的根据”,不动产登记簿载明的他项权利内容既是他项权利人行使权利的依据,也是不动产登记部门判断该不动产是否存在他项权利的标准。本例中不动产登记部门受理申请后,审核原不动产登记簿时,并没有发现他项权利栏中有抵押权的相关记载,也无从知道抵押合同的存在,可以认定该项房屋不存在他项权利。不动产登记部门转移登记的依据充分,程序合法,尽到了审查义务,王先生实际取得房屋所有权,刘先生的诉讼请求不能成立。至于刘先生所受的实际损失,应当追究李先生违约责任,提起民事诉讼加以解决。

三、未经村委会同意是否可以转包

1. 基本案情

张某三年前与本村村委会签订了为期10年的土地承包合同。但近2年来张某一直在县城做生意,没有时间管理土地。后来春天张某与邻居李某协商后,签订了土地转包协议,将承包土地转包给李某承包经营。村委会得知后,以此事没有征得村委会同意为由,通知张某转包协议无效,并要求张某若不承包土地,村委会就要提前收回承包土地。

2. 法律依据

2002年《农村土地承包法》第十条明确规定:“国家保护承包方依法、自愿、有偿地进行土地承包经营权流转。”该法第三十二条规定:“通过家庭承包取得的土地承包经营权可以依法采取转包、出租、互换、转让或者其他方式流转。”第三十四条又规定:“土地承包经营权流转的主体是承包方。承包方有权依法自主决定土地承包经营权是否流转和流转的方式。”该法第三十七条规定:“土地承包经营权采取转包、出租、互换、转让或者其他方式流转,当事人双方应当签订书面合同。采取转让方式流转的,应当经发包方同意;采取转包、出租、互换或者其他方式流转的,应当报发包方备案。”

3. 案例评析

根据上述规定,张某与邻居李某签订的是土地转包协议,不必经原发包方即村委会同意,只要报村委会备案即可。村委会以不承包土地就要提前收回承包地的说法没有法律依据。与李某签订的土地转包协议是有效的。

通过案例需要注意农村土地承包经营权转让、转包与出租的不同。在实践中,农村土地承包经营权的转让、转包、出租是农村土地承包经营权流转的几种常见方式,《物权法》和《农村土地承包法》对此都作了规定,实践中这几种方式被直接表述为农村土地转让、转包、出租,而这几个概念经常被混淆,从而导致很多误解。下面结合我国相关法律、法规、规章,就这几个概念进行一下区分。

根据2002年《农村土地承包法》第四十一条、2005年《农村土地承包经营权流转管理办法》第三十五条的规定,农村土地承包经营权转让是指承包方经承包方申请和发包方同意,将部分或全部土地承包经营权让渡给其他从事农业生产经营的农户,由其履行相应土地承包合同的权利和义务。农村土地承包经营权转让是对经营承包权的一种根本性的让渡,转让后原土地承包关系自行终止,原承包方承包期内的土地承包经营权部分或全部丧失。无论是《农村土地承包经营权流转管理办法》还是《农村土地承包法》都规定:"农村土地承包经营权转让,应当经发包方同意。"对此《物权法》第一百二十八条规定:"土地承包经营权人依照农村土地承包法的规定,有权将土地承包经营权采取转包、互换、转让等方式流转。"这一规定实际上意味着《物权法》也认可了《农村土地承包法》关于土地承包经营权转让需经发包方同意的规定。因此,承包方未经发包方同意,将土地承包经营权转让给他人的,该转让合同无效。

根据《农村土地承包法》第三十九条、《农村土地承包经营权流转管理办法》第三十五条的规定,农村土地经营权转包是指承包方将部分或全部土地承包经营权以一定期限转给同一集体经济组织的其他农户从事农业生产经营。转包后原土地承包关系不变,原承包方继续履行原土地承包合同规定的权利和义务。接包方按转包时约定的条件对转包方负责。

根据《农村土地承包法》第三十九条、《农村土地承包经营权流转管理办法》第三十五条的规定,农村土地承包经营权出租是指承包方将部分或全部土地承包经营权以一定期限租赁给他人从事农业生产经营。出租后原土地承包关系不变,原承包方继续履行原土地承包合同规定的权利和义务。承租方按出租时约定的条件对承包方负责。

根据《农村土地承包经营权流转管理办法》的规定,我们可以看出农村土地承包经营权的转让,是承包方对经营承包权这一物权的一种根本性让渡,转让后原土地承包关系自行终止,原承包方承包期内的土地承包经营权部分或全部丧失;而土地承包经营权的转包和出租,是承包方在继续保留承包经营权这一物权的基础上,将承包经营权的部分权能转让给受让方(接包方、承租方)的一种债权行为。对于农村土地承包经营权的转包和出租的区别,根据上述《农村土地承包经营权流转管理办法》的规定,仅仅在于受让方是否是同一集体经济组织的成员,转包只能给同一集体经济组织的成员;在《物权法》第一百三十三条以及《农村土地承包法》第四十九条的其他方式承包取得承包经营权的流转方式中没有转包一项也可以看出这一区别。此外,农村土地流转实践中基本上是不区分土地转包和出租的,在审理的案件中,有的合同名称为土地承包合同,合同内容中却对租金、租期进行了约定;有的合同的名称直接标为"农村土地承包(出租)合同",合同内容中也规定承包费(租金)为每月××元。对此,陈小君教授率领的课题小组经过对湖北、江苏、广东等地的田野调查,也得出了同样的结论:"出租和转包在法律性质上来说无很大区别,之所以出现转包和出租两种流转形式不过是土地承包经营权社区性——集体组织以外的成员对本社区内土地的不享有承包权的体现。"

四、宅基地是否可以抵押

1. 基本案情

张某女儿患病，急需用钱，计划向镇信用社借款8000元。信用社负责人说必须有担保才能贷款。张提出用自家居住的三间瓦房作抵押，但信用社负责人说如此抵押是无效的。请问，为什么农村村民的住宅不能作抵押？

2. 相关法规

2007年《物权法》第一百八十二条规定："以建筑物抵押的，该建筑物占用范围内的建设用地使用权一并抵押。以建设用地使用权抵押的，该土地上的建筑物一并抵押。抵押人未依照前款规定一并抵押的，未抵押的财产视为一并抵押。"该条也只是规定了建设用地使用权及其上的建筑物一并抵押，并不包括宅基地使用权。

《物权法》第一百八十四条明确规定："下列财产不得抵押：(一)土地所有权；(二)耕地、宅基地、自留地、自留山等集体所有的土地使用权，但法律规定可以抵押的除外……"。

1995年《中华人民共和国担保法》(以下简称《担保法》)第三十六条规定："以依法取得的国有土地上的房屋抵押的，该房屋占用范围内的国有土地使用权同时抵押。以出让方式取得的国有土地使用权抵押的，应当将抵押时该国有土地上的房屋同时抵押。乡(镇)、村企业的土地使用权不得单独抵押。以乡(镇)、村企业的厂房等建筑物抵押的，其占用范围内的土地使用权同时抵押。"可见，一并抵押只是针对国有土地使用权及经营性的集体建设用地使用权，不包括宅基地使用权。

《担保法》第三十七条规定："下列财产不得抵押：(一)土地所有权；(二)耕地、宅基地、自留地、自留山等集体所有的土地使用权……"。

2012年《农村土地承包法》第四十九条规定："通过招标、拍卖、公开协商等方式承包农村土地，经依法登记取得土地承包经营权证或者林权证等证书的，其土地承包经营权可以依法采取转让、出租、入股、抵押或者其他方式流转。"

3. 案例评析

基于上述法规，宅基地既不能单独抵押，也没有地随房走、房随地的一并抵押的规定。如果允许对房屋设定抵押，一旦债务到期，抵押权人因未受清偿而要求实现抵押权，取得宅基地及其相应的住宅的变价款或使用权，就会出现负债的村民失去住所的严重情况，影响社会的稳定。因此，信用社的做法在当时的政策下是正确的。

2013年党的十八届三中全会通过的《中共中央关于全面深化改革若干重大问题的决定》明确提出："保障农户宅基地用益物权，改革完善农村宅基地制度，选择若干试点，慎重稳妥推进农民住房财产权抵押、担保、转让，探索农民增加财产性收入渠道。"

2015年国务院关于开展农村承包土地的经营权和农民住房财产权抵押贷款试点的指导意见中提道："慎重稳妥推进农民住房财产权抵押、担保、转让试点，做好农村承包土地(指耕地)的经营权和农民住房财产权(以下统称"两权")抵押贷款试点工作。"

2016 年关于印发《农民住房财产权抵押贷款试点暂行办法》的通知中提道："本办法所称农民住房财产权抵押贷款，是指在不改变宅基地所有权性质的前提下，以农民住房所有权及所占宅基地使用权作为抵押、由银行业金融机构（以下称"贷款人"）向符合条件的农民住房所有人（以下称"借款人"）发放的、在约定期限内还本付息的贷款。"

由此可见，2015 年以来，试点地区住房及宅基地使用权可以一并抵押，但宅基地单独是不可以抵押的。

五、通行权是否属于他项权利

1. 基本案情

村民刘某与王某比邻而居。刘某住南侧，王某住北侧。争议地为王某宅院东侧的南北通道，该通道北段宽为 2.2 米，南段与刘某家东侧空地相连接。王某自 1981 年建北房后一直从该通道通行。

刘某的住宅已经依法取得《集体土地建设用地使用证》。2004 年 3 月，刘某按其持有的土地证所标尺寸建围墙，围墙建成后将阻断该通道，王某出面阻拦。

双方在村委会调解无效的情况下，由区政府作出以下处理意见：

刘某的《集体土地建设用地使用证》是其依法取得，其对于土地证上所标注的四至范围内的土地拥有合法的集体土地使用权；王某与刘某住宅之间的通道是历史形成，刘某虽然拥有其占用范围内的集体土地使用权，但其不能人为地通过建筑围墙的方式改变这一现状，影响王某通行。

刘某对此处理意见不服，向法院提起民事诉讼。法院在调解无效的情况下，依法作出以下判决：

既然双方相邻居住，就应当按照有利生产、方便生活、团结互助、公平合理的精神，正确处理相邻关系。根据查明的事实，刘某虽然持有政府颁发的《集体土地建设用地使用证》，但依据该使用证所标尺寸建起围墙后，确使王某家门口通道变窄，给其通行造成不便，由此引起双方的宅基地使用权争议，应由行政机关予以解决。刘某要求王某停止侵害，理由不足，本院不予支持。据此，依法判决驳回刘某的诉讼请求。

2. 不同观点

在处理本案的过程中，争议双方各持己见，互不相让。本案的处理人员在处理、审判时也形成了两种不同观点。

第一种观点认为，不应当限制刘某的建筑行为。理由：一是刘某已经合法取得了《集体土地建设用地使用证》，该证书是经国家机关颁发，具有法律效力，基于对土地登记公信力的维护，应当支持刘某的主张。二是由于土地部门在发证过程中，并没有考虑到双方已经历史形成的通道问题，因而在确定刘某的土地使用权的四至时，没有留出足够的通行空间。但这本身不是刘某的过错造成的，刘某不需要对因土地部门的过失造成的问题负责。三是在发证过程中，王某没有提出自己的权利主张，既未在土地测量时要求留出足够的通行空间，也未要求土地部门在土地证书上作出任何标注，这可以视为王某对自己权利的放弃。

第二种观点认为，在本案中应当维护王某的通行权，对刘某的权利作出必要的限制。理由：一是虽然刘某合法取得了土地使用证，但这只表明其对占有范围内的土地依法取得了使用权。集体土地使用权本身并不说明权利人可以在土地上做任何事情。相反，任何权利的行使都应当受到法律和公序良俗原则的限制，其行使权利的同时不得侵害其他人的合法权利和社会普通人的善良感情。二是王某的通行权是基于长期的相邻生活所获得的法定权利，这种权利由法律直接规定，并不以当事人的明确声明为必要条件，也不会因当事人的缄默而丧失。土地证书上没有标注并不能否定该权利的存在，对刘某集体土地使用权的限制，并不会损害土地登记行为的公信力。而且王某在刘某取得土地使用证时并不能预见到其权利将会受到侵害的事实。相反，刘某在行使权利时负有法定的"消极义务"，即不得对他人的既存权利造成侵害。三是2009年《民法通则》第八十三条明文规定："不动产的相邻各方，应当按照有利生产、方便生活、团结互助、公平合理的精神，正确处理截水、排水、通行、通风、采光等方面的相邻关系。给相邻方造成妨碍或者损失的应当停止侵害，排除妨碍，赔偿损失。"依据上述规定，结合本案实际，不能支持刘某的诉讼请求。

在本案的处理中，法院最终采纳了第二种观点，从维护相邻方的权利而言是恰当的。

3. 案例评析

通行权是一项他项权利，是在他人土地上行使的一种权利，必然会对使用权造成一定的限制。但这种权利是依法取得的、不需要征得使用权人的同意。要正确看待他项权利与使用权之间的关系。

【拓展阅读】

1. 蔡卫华．宅基地能否抵押[J]. 中国土地，2014(10)：59.DOI：10.13816/j.cnki.cn11－1351/f.2014.10.023.

2. 蔡卫华．国有农场的农用地能否抵押[J]. 中国土地，2014(09)：59.DOI：10.13816/j.cnki.cn11-1351/f.2014.09.023.

3. 孟霏．房屋产权移转是否影响居住权行使[J]. 中国土地，2021(12)：60.DOI：10.13816/j.cnki.ISSN1002－9729.2021.12.21.

第四章 综合案例

第一节　同时涉及土地用途和权属的案例

一、划拨土地使用权能否出租且改变用途

1. 基本案情

2005年，某市办企业A以划拨方式取得地块C进行工业园区建设，后因资金问题，未进行建设而闲置。2008年，企业A与民办学校B签订了出租协议，将地块C以每年80万元租给学校B，租期15年，约定期满后经双方协商可以续期。此后，学校B在地块C上进行了教学楼等配套设施建设。2013年，该市政府对闲置土地集中清理，认为地块C原为划拨土地，未按照划拨土地用途进行经营，决定收回地块C，要求学校B限期拆除地上建筑物，并退出该地块。

思考问题：①划拨土地的闲置问题如何处置？②划拨土地能否出租？③划拨土地用途调整如何管理？

2. 案例评析

1)关于闲置土地认定与处置问题

本例提及2013年该市开展闲置土地集中清理工作，因此该例在时间上适用1999年《闲置土地处置办法》，其中第二条规定了闲置土地的认定标准：国有土地有偿使用合同或者建设用地批准书未规定动工开发建设日期，自国有土地有偿使用合同生效或者土地行政主管部门建设用地批准书颁发之日起满一年未动工建设的。本例中，企业A直至2008年出租该地块时，未按合同约定投资建设，属于闲置土地。

第十四条，除本办法第八条规定情形外(政府原因导致的闲置外)，闲置土地按照下列方式处理：未动工开发满一年的，由市、县国土资源主管部门报经本级人民政府批准后，向国有建设用地使用权人下达《征缴土地闲置费决定书》，按照土地出让或者划拨价款的百分之二十征缴土地闲置费。土地闲置费不得列入生产成本；未动工开发满两年的，由市、县国土资源主管部门按照2004年《土地管理法》第三十七条和1994年《城市房地产管理法》第二十六条的规定，报经有批准权的人民政府批准后，向国有建设用地使用权人下达《收回国有建设

用地使用权决定书》,无偿收回国有建设用地使用权。闲置土地设有抵押权的,同时抄送相关土地抵押权人。

综上所述,企业 A 取得划拨地块 C 之后,未按合同约定进行建设,符合闲置土地认定标准,地块 C 应被收回。

2)关于划拨土地出租问题

依据:1990 年《城镇国有土地使用权出让和转让暂行条例》行政法规、1992 年《划拨土地使用权管理暂行办法》部门规章。

1992 年《划拨土地使用权管理暂行办法》第五条规定:未经市、县人民政府土地管理部门批准并办理土地使用权出让手续,交付土地使用权出让金的土地使用者,不得转让、出租、抵押土地使用权。第六条规定:符合下列条件的,经市、县人民政府土地管理部门批准,其土地使用权可以转让、出租、抵押:(一)土地使用者为公司、企业、其他经济组织和个人;(二)领有国有土地使用证;(三)具有合法的地上建筑物、其他附着物产权证明;(四)依照《条例》和本办法规定签订土地使用权出让合同,向当地市、县人民政府交付土地使用权出让金或者以转让、出租、抵押所获收益抵交土地使用权出让金。

由上述规定,划拨土地使用权未经批准不得出租,满足条件(地随房走)后经批准签订合同补交出让金后可出租。本案例中企业 A 在对划拨土地出租时,未经相关部门批准,是非法出租的行为。

3)划拨土地用途调整的问题

根据 1992 年《划拨土地使用权管理暂行办法》第二十一条:土地使用权出租后,承租人不得新建永久性建筑物、构筑物。需要建造临时性建筑物、构筑物的,必须征得出租人同意,并按照有关法律、法规的规定办理审批手续。土地使用权出租后,承租人需要改变土地使用权出让合同规定内容的,必须征得出租人同意,并按规定的审批权限经土地管理部门和城市规划部门批准。显然,本案例中学校 B 在租得该地块后进行了校舍的建设,违反了承租人不得新建永久性建筑物、构筑物的规定,即改变了土地用途。

3. 其他问题

1)划拨土地使用权是否可以单独出租

1992 年《划拨土地使用权管理暂行办法》第九条:土地使用权出租,是指土地使用者将土地使用权单独或者随同地上建筑物、其他附着物租赁给他人使用,由他人向其支付租金的行为,原拥有土地使用权的一方称为出租人,承租土地使用权的一方称为承租人。这是否又意味着划拨土地使用权可以单独出租,需要进一步探讨。

1992 年《划拨土地使用权管理暂行办法》第十二条:土地使用者需要转让、出租、抵押土地使用权的,必须持国有土地使用证以及地上建筑物、其他附着物产权证明等合法证件,向所在地市、县人民政府土地管理部门提出书面申请。这一条似乎又回答了这一问题,即地要随房才能一起出租。

2)关于民办学校用地政策问题

根据 2004 年《土地管理法》第五十四条和 1994 年《城市房地产管理法》第二十四条规定:"下列建设用地的土地使用权,确属必需的,可以由县级以上人民政府依法批准划拨:

(一)国家机关用地和军事用地;(二)城市基础设施用地和公益事业用地;(三)国家重点扶持的能源、交通、水利等项目用地;(四)《中华人民共和国民办教育促进法》第五十条规定:“新建、扩建民办学校,人民政府应当按照公益事业用地及建设的有关规定给予优惠。”同时,按照《划拨用地目录》的规定:“非营利性教育设施用地可以划拨方式提供土地使用权,也可以出让等有偿使用方式供地。对于营利性教育设施用地,应以出让等有偿使用方式供地。”本例中,需要具体分析学校 B 是否为非营利性机构,如果属于非营利性质,可以适用上述条款中的相关规定,即教育用地可以按照公益事业用地及建设的有关规定给予优惠。但其本身可以单独向政府提出申请,而非采取出租的方式用地。

思考问题:违法建筑如何处置,处置的依据是什么?

二、未达到条件转让后,闲置土地如何处置

1. 基本案情

某国有公司于 2009 年以划拨方式取得了 70 亩机关团体用地,因政策原因未进行建设。2011 年该公司向该市国土资源局申请办理了该地块的划拨补办出让手续,并将用途调整为商务金融和城镇住宅,出让合同约定:2012 年 3 月 1 日前开工建设,2014 年 3 月 1 日前竣工。该公司据此缴纳土地出让金,办理了不动产变更登记,而后办理了规划、建设等相关审批手续,并实施填宕渣建围墙等前期建设。

2014 年 12 月,该公司与该市某房地产公司签订项目转让合同,将该宗地转让给房地产公司,并办理了不动产转移登记。

2015 年 5 月,市国土资源监察大队在巡查时发现该宗地尚未开工建设,向房地产公司下达了闲置土地调查通知,启动了对该宗地的查处。该房地产公司提出在办理该宗地不动产转移登记时,市国土资源局已经认定宗地开发建设达到了 25%,认定存在宗地闲置与不动产登记行为之间存在矛盾,宗地闲置责任不应由该公司承担,闲置查处案件查处对象有误。该房地产公司拿出了宗地转移登记档案中留存的项目投资建设已经达到 25%的审计报告和现场勘察记录的实地照片。对此,市国土资源监察大队在处理案件时面临两难。

2. 不同观点

因土地闲置是在完成转让后才发现的,以致各方对应由谁承担闲置责任的问题出现了分歧。

该国有公司认为,宗地已经转让,自己无权对宗地进行开发建设,涉及宗地的权利义务应该由现权利人承担。

房地产公司认为,在办理不动产转移登记时,市国土资源部门已确认宗地开发建设达到了 25%,现在又认为宗地未动工建设,前后矛盾是市国土资源部门失职。该公司是通过转让取得的土地使用权,不受出让合同约定建设条件约束,责任在原权利人和市国土资源部门。市国土资源监察大队在接到房地产公司质疑后认为,办理不动产转移登记时认定的宗地开发建设到达 25%与实际情况不符,土地转让合同无效,不应对房地产公司进行闲置查处,应由登记机构撤销该宗地的不动产转移登记,便于对该宗地进行闲置查处。

不动产登记中心认为，不动产登记为形式性审查，不动产登记相关规范也未要求在办理转移登记时，到实地核查不动产的状况，该国有公司在申请登记时也提交了有资质的审计机构出具该宗地投资达到25%的审计报告，双方已缴纳了税费，撤销登记基础不存在。

3. 案例评析

国有建设用地的批、供、用、查的管理是系统工程，闲置土地的查处位于管理的末端，成因错综复杂且涉及各方利益，处理时需综合考虑程序及措施的合理性。

1)土地转让后，受让人须承担原权利义务

房地产公司提出，1994年《城市房地产管理法》第二十五条规定："以出让方式取得土地使用权进行房地产开发的，必须按照土地使用权出让合同约定的土地用途、动工开发期限开发土地。超过出让合同约定的动工开发日期满一年未动工开发的，可以征收相当于土地使用权出让金20%以下的土地闲置费；满二年未动工开发的，可以无偿收回土地使用权；但是，因不可抗力或者政府、政府有关部门的行为或者动工开发必需的前期工作造成动工开发迟延的除外。"1999年《闲置土地处置办法》第二条规定："本办法所称闲置土地，是指国有建设用地使用权人超过国有建设用地使用权有偿使用合同或者划拨决定书约定、规定的动工开发日期满一年未动工开发的国有建设用地。"这些都是针对出让土地的闲置，没有规定转让取得的土地使用权可以被闲置查处或是无偿收回，国土资源监察大队对其进行闲置查处法律适用错误。

本案所涉土地使用权是房地产公司以有偿转让方式向国有公司受让取得的，而且该国有公司是以出让方式向该市国土资源局受让取得了该宗土地的土地使用权，在土地出让合同中明确约定了宗地的动竣工时间等建设要求。《城市房地产管理法》第四十一条的规定："房地产转让，土地使用权出让合同载明的权利、义务随之转移。"1990年《城镇国有土地使用权出让和转让暂行条例》第二十一条也规定："土地使用权转让时，土地使用权出让合同和登记文件中所载明的权利、义务随之转移。"可见，土地使用权的转让并不能改变土地的出让性质，土地转让后仍然受到土地出让合同关系的约束和调整。本案中市国土资源监察大队认定该房地产公司取得土地的方式和性质属于出让地，并对其启动闲置查处是符合事实和法律规定的。

2)登记材料存在瑕疵，不影响土地闲置查处

房地产公司认为土地是通过转让方式取得，办理不动产转移登记时，市国土资源部门认定的宗地投资开发建设已超过了25%，并批准了其土地转让，这证明该宗土地已经开发并且未闲置。市国土资源监察大队则发现转移登记的材料及结果与实地调查核实情况不符，因在案件调查阶段该公司提出登记材料瑕疵问题，故监察大队转而提出由登记机构撤销该宗地的不动产转移登记后，再进行闲置查处的意见。

从《物权法》的角度来看，办理了不动产转移登记之后，该宗土地的不动产权已归房地产公司，且《闲置土地处置办法》中并没有转移登记材料存在瑕疵可不进行土地闲置查处的相关规定，不影响土地闲置查处。该房地产公司通过土地转让取得使用权后，应受到出让合同关系的约束和调整，须按出让合同约定的时限进行开发建设，未按约定建设构成闲置的，则须承担相应的责任。申请登记的材料造假涉嫌骗取不动产登记与涉嫌土地闲置是两个不同性质的法律行为，查处及处理的程序各有不同，在相关法律中，并没有必须完成其中一项查处才能开展另一项查处的程序性规定。若以登记材料存在瑕疵为由，不对土地闲置情况进行查处，有可能造成市国土资源部门渎职的情况出现。

3)不动产交易已达成，撤销转移登记依据不足

房地产公司与国有公司均不同意国土资源监察大队提出的以转让合同无效为由撤销不动产转移登记的处理方式。他们认为双方已经按土地使用权转让合同履行了土地以及转让费用的交付义务，并交纳了相关税费，不动产交易已达成，不直接影响土地使用权转让合同的效力。对不符合《城市房地产管理法》第三十八条的土地转让合同是否有效，在最高人民法院的《关于土地转让方未按规定完成土地的开发投资即签订土地使用权转让合同的效力问题的答复》以及(2004)民一终字第46号判决书等文件中有着不同解读角度，《合同法》的相关规定中也未赋予自然资源管理部门判定土地转让合同效力的权利，因此以土地转让合同无效为由，撤销不动产转移登记依据不足。且《城市房地产管理法》第六十五条规定："违反本法第三十八条第一款的规定转让土地使用权的，由县级以上人民政府土地管理部门没收违法所得，可以并处罚款。"对于当事人违反《城市房地产管理法》第三十八条第一款规定的处罚中，只规定没收违法所得、处罚款等措施，并没有撤销转移登记的处罚条款，以违反《城市房地产管理法》为由，采取撤销转移登记方式处理也没有法律依据。

4)对不同违法行为，应依法分别启动调查处理程序

在城市化快速发展过程中，土地供需矛盾凸显。闲置土地影响了城市空间结构的优化和城市功能的全面提升，不利于土地市场的健康发展，给城市经济发展带来了不利因素。对闲置土地的查处和清理也成为各级政府的当务之急，但进行土地闲置查处的时候，由于对于土地闲置的处罚涉及重大利益，行政相对人通常以各种理由逃避查处。

本案涉嫌违法转让土地以及土地闲置两项违法行为，在处理过程中，行政相对人以市国土资源部门在业务办理中未发现涉嫌违法转让土地事实为由，要求将土地闲置违法的原因归结于市国土资源部门，显然违背事实及相关法律规定。作为土地执法部门的市国土资源监察大队也未能正确认识到不同违法行为的处理原则，才造成履行闲置查处程序中的疑虑。这两种违法行为有着不同的适用法律、处理程序以及处罚方式，但相互之间没有先后处理的逻辑关系。根据《土地管理法》，市国土资源部门依法具有对辖区内违反土地管理法律、法规的行为进行监督检查的职责，并可对涉嫌土地违法的单位或者个人采取相应的调查措施。若仅因某项业务的瑕疵，市国土资源部门就不履行相应的查处违法职责，有可能面临渎职问责的风险。这两项涉嫌违法行为的查处职能都是市国土资源部门，应分别启动相应调查程序，在查清事实的基础上，再综合考虑处理的方式，按法定程序分别对这两项涉嫌违法行为进行立案及调查取证，依据相关法律及客观事实对违法行为进行处罚，并确保处理程序合法、事实清楚、证据确凿，适用法律准确。

思考问题：①闲置土地的概念、闲置土地问题处理的法律依据及规定是什么？②新旧"闲置土地处置办法"有什么不同？③农村闲置土地如何查处？

三、空闲住宅用地能否转让

1. 基本案情

2003 年，张某通过出让方式取得了某县一块洼地的国有土地使用权，面积约 200 米^2，批准用途为住宅用地，出让年限为 70 年。张某依法领取国有土地使用证后，平整了土地，但没有进行房屋建设。2004 年，张某将该宗国有土地转让给李某，并签订了转让协议，李某于当年修建了两层楼房。2005 年，李某到县土地管理部门申请办理土地变更登记手续。土地管理部门认为，根据 2007 年《土地登记办法》第九条的规定，土地权利人申请土地登记的，应当提交地上附着物权属证明。1994 年《城市房地产管理法》第六十条也规定，房地产转让或者变更时，应当向县级以上地方人民政府房产管理部门申请房产变更登记，并凭变更后的房屋所有权证书向同级人民政府土地管理部门申请土地使用权变更登记。因此，李某须提供该宗地的房产证后才可为其办理土地变更登记。按照土地管理部门的要求，李某到县房产管理部门申请办理房产证。但由于国有土地证上是张某的名字，房产管理部门要求李某必须先将房产办到张某名下，才可再通过转让方式过户到李某名下。李某认为房产是自己建的，先过户给张某，如果张某反悔，自己必然要遭受损失，因此拒绝将房产过户到张某名下。至此，本案陷入了两难的境地。

2. 专家观点

土地管理部门可以为李某办理土地变更登记，然后李某凭变更后的国有土地使用证办理房产初始登记。

2007 年《土地登记办法》第三十九条规定："依法以出让、国有土地租赁、作价出资或者入股方式取得的国有建设用地使用权转让的，当事人应当持原国有土地使用证和土地权利发生转移的相关证明材料，申请国有建设用地使用权变更登记。"张某于 2003 年依法办理了国有土地使用权登记，张某和李某签订土地转让协议，符合此条规定。另外，1994 年《城市房地产管理法》第三十八条规定："转让房地产时房屋已经建成的，还应当持有房屋所有权证书。"本案中张某将土地转让给李某时，房屋尚未建成，所以李某申请办理土地变更登记时，没有必要提供房产证；土地管理部门可以凭张某的国有土地使用证、转让合同给李某办理土地权利变更登记，李某持变更后的国有土地证书再向房产管理部门申请办理房产证。

张某转让空闲住宅用地，很容易造成非法转让、倒卖土地使用权的情况发生。1994 年《城市房地产管理法》第三十八条规定：以出让方式取得土地使用权的，转让房地产时，应当按照出让合同约定进行投资开发，属于房屋建设工程的，完成开发投资总额的 25%以上。转让房地产时房屋已经建成的，还应当持有房屋所有权证书。不符合上述条件的，不得转让。张某尽管不是房地产开发公司，但其是通过出让方式取得的国有土地，理应遵循上述规定。其平整土地的投资是否达到"完成开发投资总额的 25%以上"的标准，不得而知；其转让该地块时是否符合出让合同规定的期限和条件投资开发、利用土地，也不得而知。在不符合出让合同相关规定或未达到投资总额的 25%以上的情况下，转让该地块显然不合法。

3. 案例评析

2003年张某有偿取得一宗国有土地使用权，2004年转让给李某，李某建房后无法办理土地使用权变更登记手续。该宗土地转让时属于空白地，尚未建房屋，因此，本案的关键是土地使用权转让时没有办理土地使用权过户手续。1990年《城镇国有土地使用权出让和转让暂行条例》第二十条规定：土地使用权转让应当签订转让合同。第二十五条规定：土地使用权和地上建筑物、其他附着物所有权转让，应当依照规定办理过户登记。在办理过户时，应审查该宗地是否符合出让合同约定的转让条件。如符合相关条件，鉴于该宗土地在擅自转让后没有改变土地用途，转让方和受让方也没有纠纷，是张某在这块地上建房还是李某建房对社会和国家来说是一样的，建议二人向土地管理部门提交土地使用权转让协议，待土地管理部门为其办理土地使用权过户手续后，再由李某持过户后的国有土地使用证办理房屋登记手续。

四、出租土地是否受用途管制

1. 基本案情

A村未依法办理用地审批手续，2015年7月擅自与某化工公司签订土地租赁合同，将2公顷集体土地（地类为园地）出租给公司用作加工基地，租赁期限为30年，每年租金为6万元。至2016年7月20日为止，A村已收取租金6万元。同年9月，市国土资源局根据《土地管理法》有关规定对A村作出行政处罚。

在围绕该案进行的行政处罚听证会上，A村提出依据1982年《宪法》第十条和2004年《土地管理法》第八条的规定，该村享有对本案所涉土地的所有权，因而该村能对其自由出租。

2. 案例评析

本案是一起比较典型的非法出租土地违法案件。A村未经土地管理部门批准，在未依法办理用地手续的情况下，擅自将土地出租给化工公司用于非农业建设，这显然违反法律规定。根据2005年8月国土资源部发出的《关于坚决制止"以租代征"违法违规用地行为的紧急通知》有关规定，单位和个人擅自与农民集体组织签订租地协议，将农民集体所有的土地用于非农业建设，对于这种行为应从重处理。因此，本案中某市国土资源局按《土地管理法》第八十一条和《土地管理法实施条例》第三十九条对A村的行政处罚决定符合法律规定。

当前，集体土地使用权流转成为一个热门话题，很多人主张集体土地应实行更为灵活的使用权流转制度，建立和完善集体土地交易市场。但从法治的角度来讲，在现行法律框架内，集体土地的流转仍应受到法律的相关限制。本案中A村提出该村对自己集体所有的土地享有自由的出租权，这一点难以得到法律支持。《土地管理法》虽然确立了国有土地所有权和集体土地所有权制度，但同时规定国家实行土地用途管制制度，强调国有或集体所有土地使用权均必须依法进行转让，村集体只有在法定的条件下才享有对自己所拥有的土地自由出租的权利。

第二节　土地所有权与土地补偿的案例

一、持美国绿卡能否获得户籍地土地补偿

1. 基本案情

浙江村民陈某2005年与居住在美国的华侨结婚而旅居美国，2006年取得美国永久居留权，其户籍仍留在原所在村。2010年，该村发放两地块征地补偿款，村民代表会议通过分配方案时未将陈某列为发放对象。陈某认为，自己系该村农民集体成员，应享有相应权益；自己虽取得美国居留权，但仍每年回国生活数月，且仍为中国国籍，并未放弃作为村民所享有的一切权益。2014年12月，陈某向所在地的土地承包仲裁委员会申请仲裁，仲裁委员会支持了陈某的请求，裁决村委会应给付陈某土地补偿款8万元。村委会不服该裁决，向市人民法院提起诉讼。

思考问题：①确定农民集体成员权的要件应包括哪些？②原农民集体成员户籍未变化是否应拥有成员权？

2. 案例解析

本案争议虽然是土地补偿费的分配纠纷，但核心问题是农民集体成员资格的确认标准问题。

目前，对农民集体成员资格的确定标准，在我国现行法律上仍属空白，缺乏统一、明确的法律依据，各地实践中做法也不尽相同，由此造成在土地承包经营、宅基地分配以及土地补偿费和集体收益分配中引发了矛盾和纠纷。从法理上看，我国农民集体经济组织的成员权是一项特殊的权利，其成员资格的取得和丧失，更多的是源于血缘、出生、死亡、婚姻或收养、因法律或政策规定迁入迁出、政府行为等因素，一旦具备了农村集体经济组织成员资格，则不论入社时间长短、出生先后、贡献大小、有无财产投入，都平等地享有社员权。从各地实践看，认定农民集体成员资格，主要参照标准有：是不是村民、是否具有所在农民集体户口、是否承包土地、是否在村或组实际生产生活、是否经村民会议、村民代表会议是否同意、是否与所在农民集体形成权利义务关系等一系列因素，随着城市化推进和户籍制度等改革的加快，农民集体成员资格的确定越来越复杂，仅凭某一因素已无法做出最终判定，需要结合上述系列因素进行综合判断。

关于户籍与农民集体成员资格的关系，由于户籍已经成为一种较单纯人口管理的行政手段，对其原来所附属的农村、城镇居民以及成员身份确认的功能逐渐淡化，户籍在村的村民是否为农民集体成员，需要结合其他因素进行判定。有的地方通过规范性文件进行了明确，如2013年5月广东省人民政府发布的《广东省农村集体经济组织管理规定》第十五条规定：原人民公社、生产大队、生产队的成员，户口保留在农村集体经济组织所在地，履行法律法规和组织章程规定义务的，属于农村集体经济组织的成员；农村集体经济组织成员户口注销的，其成员资格随之取消；法律、法规、规章和组织章程另有规定的，从其规定。从当前地

方规定看，以户籍因素确定农民集体成员资格时，需要结合住所、成员权利义务一致性、农民集体自治等因素综合判定。

从本案来看，土地补偿费属于集体经济组织所有，具有集体经济组织成员资格的人都依法应享有相应的份额。陈某虽然户籍登记仍在原所在村，但从2005年开始居住生活在美国，且已于2006年取得美国永久居留权。陈某长期未在原所在村从事土地承包经营等生产活动，且未提供证据证明其已参与村一、二轮土地承包。因此，人民法院经审理后支持了村委会的诉求，判决村民委员会不予支付陈某土地补偿款。

二、户口迁出未退还承包地，征地时能否取得安置补助费

1. 基本案情

段某原系重庆某村五组村民，有农业户口，1999年迁入镇上转为非农业户口。但其在原所在村的承包地未退还给村集体，且段某一直在经营该承包地。2011年，该村土地被征收，根据当地政府征地方案，符合安置条件的被征地农转非人员给予安置补助费2.5万元/人。段某能否取得安置补助费？

2. 案例评析

集体经济组织成员在土地承包期限内迁出集体经济组织并落户小城镇的，其承包的土地可以不退还集体，但发生土地征收时不应取得安置补助费。

1)集体经济组织成员迁出本集体经济组织，符合法定条件的，其承包的土地可以不退还集体

2002年《农村土地承包法》第五条规定：任何组织和个人不得剥夺和非法限制农村集体经济组织成员承包土地的权利。第二十六条规定：承包期内，承包方全家迁入小城镇落户的，应当按照承包方的意愿，保留其土地承包经营权或者允许其依法进行土地承包经营权流转。承包期内，承包方全家迁入设区的市，转为非农业户口的，应当将承包的耕地和草地交回发包方。承包方不交回的，发包方可以收回承包的耕地和草地。

按上述法律规定，土地承包人在承包期限内迁出集体经济组织，视情况不同对所承包的土地享有的权利也不同：①如果迁出方是举家迁入小城镇并落户的，可以保留承包土地的权利并可以在法律规定的范围内流转；②如果迁出方是举家迁入地级市以上城市，并转为非农业户口的，应当向集体经济组织交回所承包的土地。法律规定中所指称的“落户”和“转为非农业户口”都是指由农业户口转为非农业户口。

本案中，段某从集体经济组织迁至镇上，并转为非农业户口，其保留土地承包经营权的行为符合法律规定的保留土地承包经营权的规定。

2)集体经济组织成员在土地承包期内迁出集体落户小城镇的，发生土地征收时难以取得安置补助费

如果迁出人自愿放弃或者依法流转了承包的土地，那自不发生是否取得安置补偿费问题。

根据现行的法律和现有的案例裁判，集体经济组织成员迁入小城镇落户，并保留集体土地承包经营权的，应不能取得安置补助费。2004 年《土地管理法》第四十七条的规定“征收耕地的安置补助费，按照需要安置的农业人口数计算”。这表明，安置补助费的适用对象是需要安置的农业人口。而在土地征收之前就已经迁出集体经济组织并获得小城镇非农业户口的人不属于本条所规定的农业人口。

实践中，一般是安置土地征收涉及的本集体经济组织成员。本案中，根据 1999 年《重庆市土地管理规定》第四十条“农村集体经济组织总人口为下达建设用地预办通知书之日在籍的常住人员（含现役义务兵、在校的大中专学生以及服有期徒刑、劳教人员）和在政府批准征地之日前，按户籍管理规定由区县（自治县、市）公安机关批准正常迁入及新出生的人员”的规定，段某非本集体经济组织在籍常住人口，不属于《重庆市征地补偿安置办法》规定的被安置人员。因此，法院判定段某不是本集体经济组织成员，不享有安置补助费的分配权。

目前，全国还没有认定集体经济组织成员的统一标准，一些省份如四川、广东等出台了集体经济组织成员身份认定的标准，大抵是以户籍为认定标准，以其他方式认定为补充。

三、已成为村组合法居民的，是否有权分享集体土地征地补偿款

1. 基本案情

大戴是合力村村民，2000 年 10 月 2 日与曹某结婚。大戴于 2000 年 12 月 14 日向合力村提出书面申请要求将曹某户口迁入合力村。经该组原组长陈某审批，会计陈礼江盖章及部分村民签字，曹某户口于 2001 年 3 月 25 日迁入合力村。2001 年 8 月 23 日，曹某生育男孩小戴。儿子小戴出生后，曹某于 2002 年 5 月 24 日到湖山县城关镇派出所将小戴户口补登落户于合力村。曹某户口落户合力村后，一直未给曹某分配承包地。2001 年 2 月 11 日，湖山县城关镇流枫社区开发建设项目部在合力村征地 93.84 亩，合力村获得土地补偿款 1120408 元，每位村民分得补偿款 7500 元，曹某未分得该款。2006 年 10 月 9 日，湖山县土地储备中心又在合力村征地 608.24 亩，合力村获得土地补偿款 9808646.73 元，每位村民分得土地补偿款 50000 元，曹某母子仍未分得土地补偿款。2008 年 4 月 11 日，曹某母子以合力村的行为剥夺了其参与分配土地补偿款的权利，侵犯了其财产权为由向法院起诉，要求合力村支付曹某应得土地补偿款 58080 元，支付儿子小戴应得土地补偿款 58080 元，合计 116160 元。

2. 裁定结果

征地补偿安置方案确定时已具有本集体经济组织成员资格的人，有权获得相应份额的土地补偿款。土地补偿款只能在本集体经济组织成员内部进行分配，不具有集体经济组织成员的人，不能参与土地补偿费的分配。法院判决如下：①曹某与小戴具有本集体经济组织成员的资格。②曹某母子有权享受 2006 年 10 月 9 日的征地补偿款。合力村支付曹某母子土地补偿款 100000 元。

3. 案例评析

按照最高人民法院《关于审理涉及农村土地承包纠纷案件适用法律问题的解释》的规

定，农村集体经济组织成员资格的取得应以该“成员”是否在集体经济组织所在地生产、生活并依法登记常住户口为基本判断依据。在农村集体经济组织所在地生产、生活并依法登记常住户口的人，应当认定为具有该集体经济组织成员的资格。

本案曹某户口登记在合力村后，一直居住在合力村，虽然未分得承包土地，未依靠承包土地赖以生活、生存，但考虑其户口落籍的客观情况，可认定其已成为合力村合法村民。儿子小戴于2001年8月23日出生，2002年5月24日随母补登落户于合力村，小戴随母依法登记在本集体经济组织所在地，应认定小戴具有本集体经济组织成员的资格。征地补偿安置方案确定时已具有本集体经济组织成员资格的人，请求支付相应份额的，应予以支持。曹某于2001年3月25日落户于合力村，儿子戴某于2002年5月24日落户于合力村，故两人只能享受2006年10月9日的征地补偿款。合力村在分配土地补偿款中剥夺曹某母子应享有的权利和义务，违反了有关的法律规定，合力村应支付曹某母子土地补偿款100000元。

四、户口迁出但未转为非农业户口，是否有权获得集体土地补偿费

1. 基本案情

尚壬均与刘丽云是夫妻，尚盈是刘丽云与尚壬均的婚后所生之女。1989年6月25日，刘丽云、尚盈以承包户主尚壬均的名义共同承包经营了青峰村民小组的土地共2.4亩(每人0.8亩)。2000年10月8日，刘丽云、尚盈将其户口迁至某市某区某镇后，仍在耕种其承包的包产地，并缴纳农业税至2003年。2005年9月27日，青峰村民小组将在该村民小组的集体土地被征收中获得的土地补偿费作出“按照在籍现有人口人均分配”的分配方案，每人分得集体收益4646元。青峰村民小组以刘丽云、尚盈的户口已迁出，不是村民小组的成员为由，未将所获的土地补偿费分配给二人。此案件经调解无效，进入诉讼阶段。

2. 裁定结果

一审法院判决：被告某市某区某街道某村青峰村民小组在判决生效后十日内给付原告刘丽云、尚盈集体收益各4646元。一审法院宣判后，青峰村民小组不服，向二审法院提起上诉，其主要理由是：2000年10月8日，原告已将其户籍迁至某市某区某镇，并开办了榨油厂，根据相关法规，原告已不是青峰村民小组成员，故不能分配其集体收益。一审法院判决不当，请求撤销原判，驳回被告的诉讼请求。

二审法院认为，一审法院判决正确，青峰村民小组的上诉请求本院不予支持。

3. 案例评析

(1)承包人将自己户口迁出集体经济组织，但未在新户口所在地获得生活保障，其承包地也未交回集体经济组织，并仍然依靠承包地为基本生活保障的，其与原集体经济组织的权利、义务并未终止，有权享受土地补偿费。

(2)承包人与集体经济组织的权利和义务未终止的，其仍是集体经济组织成员，与其他集体经济组织成员应享有同等的权利。土地补偿费是对集体土地所有权消灭的补偿，其受益主体是该集体经济组织内部所有具有成员资格的人。刘丽云、尚盈在承包经营青峰村民

小组土地期间，将自己户口迁至某市某区某镇，因其承包土地未交还集体经济组织，将其户口迁出落户在某市某区某镇后，既未纳入国家公务员序列，又未纳入城镇企业职工、居民社会保障体系。两位原告仍以经营承包地为其基本生活来源，与被告青峰村民小组的权利、义务未终止。

(3)2002 年《农村土地承包法》第二十六条："承包期内，承包方全家迁入小城镇落户的，应当按照承包方的意愿，保留其土地承包经营权或者允许其依法进行土地承包经营权流转。承包期内，承包方全家迁入设区的市，转为非农业户口的，应当将承包的耕地和草地交回发包方。承包方不交回的，发包方可以收回承包的耕地和草地。承包期内，承包方交回承包地或者发包方依法收回承包地时，承包方对其在承包地上投入而提高土地生产能力的，有权获得相应的补偿。"土地是农民基本的生活保障，在农民进入小城镇后的基本生活保障尚未落实时，如果收回他们的承包地，可能使他们面临生活困难。因此，承包人在土地承包期内，全家迁入小城镇，转为非农业户口的，可以保留土地承包经营权，在此期间，承包土地被征收的，有权获得相应的补偿。

(4)户口迁到城镇，没有交出土地的，享有征收的补偿费。交出承包地的，只要符合当地集体组织成员资格的就享有土地补偿费。

五、户口迁出是否一定无法享有集体土地补偿费分配权

1. 基本案情

何云刚为青泥塘社社员，其作为农村土地承包经营户，何云刚一家 4 人，该户名下有土地 3.08 亩。

1999 年，原告何云刚的女儿何晨语因读书将户口迁出青泥塘社，青泥塘社遂收回何云刚的承包地 0.75 亩。2002 年，何晨语毕业，户口依旧迁回青泥塘社，性质为非农业户口。后原告、被告因承包地收回问题发生纠纷，双方于 2003 年 6 月 20 日达成协议，约定"青泥塘社(甲方)在何云刚(乙方)承包期内，不再调地给乙方；乙方在承包期内和其他社员一样享有分配权，其他待遇也和社员同等享受"。

2007 年，青泥塘社的土地被国家全部征用，获得了相应的土地补偿款。2007 年 6 月 20 日，经该社社员代表表决形成了分配方案，该方案经过了村、社、镇的同意。分配方案内容如下："①林木费按有土地的 188 份每份 7500 元/人执行，青苗费按现行农业人口 108 份每份 1430 元/人执行。②集体资产按有土地有人的全额分配 5620 元/人执行，有人无地的按 70%分配人均 3934 元/人执行，有地无人的按 50%分配人均 2810 元/人执行……"分配方案制订后，被告青泥塘社依据此分配方案进行了土地补偿款的实际发放。林木费实际发放的标准是按照承包地的份数，每一份承包地 7500 元；青苗的实际发放是按照有承包地且有承包人的标准，金额为 1430 元，非农业户口也包括在内，其中在校大学生、现役军人、劳教人员均可以分得青苗费；集体资产收益则是有承包地有承包人的分得 5620 元，有承包人没有承包地的分得 5620 元的 70%，有承包地没有承包人的分得 5620 元的 50%。原告何云刚认为因其承包地被社里收回一份，故无法获得全部土地补偿款项，于 2008 年 9 月起诉至本院要求分得被收回土地的林木费 7500 元、青苗费 1430 元、集体资产收益 5620 元。

原告何云刚诉称:原告于1998年5月与被告签订了农村承包土地经营合同,确认原告何云刚承包户名下的人数为4人,土地为3.08亩。2003年,被告错误收回原告承包地中的一份0.75亩土地,被告为纠正自己的错误,与原告达成协议,明确约定原告在承包期内和其他社员有一样的分配权,其他待遇也和其他社员同等享受,现原告的土地已被国家征用,被告在分配各项补偿款时未能依据双方签订的协议给原告应获得的全额补偿款。现要求判决被告立即给付原告位于青泥塘社的被收回一份承包地应得的林木费7500元、青苗费1430元、集体资产收益5620元,共计14550元。

被告青泥塘社称:原告承包地原有四份属实,但其女儿何晨语因1999年外出读书将户口迁出,故社里收回原告的承包地一份0.75亩。何晨语2002年毕业后户口虽迁回本社,但已是非农业户口,故根据本次土地赔偿费分配方案,何晨语无资格获得林木费7500元和青苗费1430元,集体资产收益5620元其应当按照方案领取70%。

2. 裁定结果

法院判决法院认为:依据2004年《土地管理法》第十条、2002年《农村土地承包法》第二十六条、1991年《民事诉讼法》第六十四条、第一百二十八条的规定,判决如下:由青泥塘社于本判决生效之日起三日内给付何云刚林木费7500元、青苗费1430元、集体资产收益5620元,共计14550元。

3. 案例评析

(1)集体土地被国家征用,获得的土地补偿费以及其他收益应当根据具体情况进行合理分配。

(2)承包期内集体不得违法收回承包人承包地,违法收回承包地,除了需要恢复承包权之外,还不能影响承包人获得土地补偿费的权利。被告青泥塘社的集体土地被国家征用,获得的土地补偿费以及其他收益应当根据具体情况进行合理分配。被告青泥塘社经过社员代表表决作出的分配方案以及实际分配原则符合民主议定程序和内容,合法有效,可以作为土地补偿费、青苗费和集体资产收益的分配标准。原告何云刚一户原有农村承包地四份,其女儿何晨语因外出读书被社里收回一份承包地的事实,原告、被告双方均无异议,应予以确认。同时,双方在2003年6月20日的协议书中明确约定原告何云刚与其他社员享有同等分配权,可以认为按照土地法的规定,承包期内集体不得违法收回承包地,故作为违法收回承包地的解决方案,双方签订的协议书合法有效,应当认定原告何云刚享有四份承包地的权益。另外,何晨语毕业后已经将户口迁回被告青泥塘社,其虽为非农业户口,但仍享有被告青泥塘社的成员资格,根据被告青泥塘社的实际分配原则,其仍然属于领取土地补偿费用的人员范围。综上所述,原告何云刚一户还应当获得一份被收回土地的全额林木费、青苗费以及集体资产收益,为14450元(7500+1430+5620=14550)。

思考问题:对照比较《土地管理法》《农村土地承包法》修订前后的变化,并分析修订后对同一案例的裁决结果。

第三节　空间权相关案例

一、同一宗地的国有建设用地使用权是否可以分层出让

1. 基本案情

某市国土资源局以拍卖方式将宗地号为0089的建设用地使用权出让给A公司，用作大型商贸城的建设。双方在拍卖后签订了《国有建设用地使用权出让合同》。合同约定：该块宗地的用途为商业用地；以地上60米为上限，以地下30米为下限，高差为90米。合同签订后，A公司支付了全部价款，国土资源局为其办理了土地使用权证书。一个月后，国土资源局挂牌出让0089号宗地以地下30米为上限，以地下70米为下限，高差为40米的建设用地使用权，并将此块土地的建设用地使用权出让给了B公司，并签订了《国有建设用地使用权出让合同》。A公司得知后，认为国土资源局侵犯了自己的权益，向国土资源局提出异议，要求国土资源局收回B公司的建设用地使用权。国土资源局解释说，他们的做法是将建设用地使用权进行立体分割后，分别进行出让，不存在违法违规行为。A公司不服，遂向上级主管部门提起行政复议。

思考问题：国土资源局能否将同一宗地的建设用地使用权分层出让？

2. 案例解析

本案主要涉及建设用地使用权分层出让的问题。建设用地使用权分层出让，是指将国有建设用地使用权，立体分割成多个不同高度且不相重叠的建设用地使用权，再分别进行出让的行为。分层出让的前提，是将土地看作一个空间，享有"空间权"，而不是看作一个平面。所谓"空间权"是指于空中或地中横切一断层而享有的权利，抑或对土地地表上下之一定范围内的空间的权利。在传统的土地法律理论和制度中，并不存在独立的空间权概念。罗马法采用的是"谁拥有土地便拥有土地上下的无限空间"的绝对土地所有权理念。而自19世纪以来，随着经济、科学技术的发展以及交通拥挤、住宅紧缺等各种社会问题的出现，土地所有的个人独占性与土地利用的社会公共性之间的矛盾激化，国家开始限制土地所有者对空间享有的绝对权利。所有权由绝对性的支配权演变为相对性的支配权，至今发展为空间权的法律制度。在我国，随着经济发展速度不断加快，城市人口剧增、住房紧张、交通拥挤、环境污染严重，人地矛盾的日益突出，"空间不足"和"空间浪费"的问题日益凸现，合理利用空间是城市科学可持续发展的迫切需要。随着人们对空间利用的关注程度不断提高，对"空间权"的立法也随即展开。

2007年10月1日实施的《物权法》引进了"空间权"这种现代物权法新发展出来的物权制度，将国土资源管理，特别是土地管理，带入了一个新的时代。《物权法》第一百三十六条规定："建设用地使用权可以在土地的地表、地上或者地下分别设立。新设立的建设用地使用权，不得损害已设立的用益物权。"同时，《招标拍卖挂牌出让国有建设用地使用权规定》第二条也作出了相应的规定："在中华人民共和国境内以招标、拍卖或者挂牌出让方式在土地

的地表、地上或者地下设立国有建设用地使用权的，适用本规定。”依据这些规定，国家可将土地进行立体的纵向分割，即将土地分成不同高度的空间，既可以在同一宗土地上为一个人设立一个建设用地使用权，也可以为两个以上的人分别设立若干个相互之间不冲突的建设用地使用权。

在本案中，国土资源局分别与A公司和B公司签订了《国有建设用地使用权出让合同》，在合同中明确了各自建设用地使用权的上下界限，并且上下界限并不冲突，根据《物权法》和《招标拍卖挂牌出让国有建设用地使用权规定》的有关规定，国土资源局的出让行为是合法的。建设用地分层出让，可以避免资源的浪费，更加节约集约利用土地，是土地管理的又一创新。但是，国有建设用地使用权的分层出让，还有一些问题需要解决，比如如何避免各建设用地使用权分层设立后使用权人之间的权利冲突，如何确定建设用地使用权分层设立后的出让金标准等，这些问题还有待深入地研究，在实践过程中，找出解决的方法。

二、集体土地所有权与矿山开采权的关系

1. 基本案情

某集体经济组织将其所有的一部分土地承包给某甲，某甲欲对其承包的土地进行矿产资源开采，但被告知须经国家有关部门批准，取得采矿许可证方可开采。某甲正欲申请开采证明时，审批机关将开采矿产的权利给了某乙，某甲声称自己拥有集体经济组织签订的土地承包合同，拥有对土地的使用权，而某乙并未取得集体经济组织的许可，不能在其土地上使用土地，开采矿产。因此，要求撤销某乙的开采权转由某甲行使。

对此纠纷，有的同志认为，集体经济组织对该土地享有所有权，有权处置土地的使用权，有权许可他人承包其土地，有权对土地进行占有、使用、收益和处分的权利。某乙虽取得采矿许可证，却未取得土地的使用权，即使拥有采矿权，但未取得对土地的使用，又怎能行使该权利？所以认为，由某甲行使开采权更有利于处理土地所有权与矿山开采权之间的矛盾，有利于当事人的利益，有利于促进经济的健康发展。

2. 案例评析

集体土地所有权是农村集体经济组织依法对其所有的土地进行占有、使用、收益和处分。集体有权决定属于集体土地的开发和利用，允许他人使用和收益。《土地管理法》规定，土地的承包经营权受法律保护。土地的承包经营权是指在农业生产经营者与享有土地所有权的集体组织签订集体土地承包经营合同的基础上，自主地对土地开发利用并获得收益的权利。从法律的宗旨及其他实践来看，土地所有权的效力范围，在横的方面，是以地界为限；从纵的方面看，不仅包括地面，也包括地上及地下。但是我国土地所有权的这种包括地上及地下的效力，并不是毫无限制的，这种限制主要有两方面：①内在限制。土地所有权的客体，以人力所能支配并满足所有人的需要为条件。也就是说，土地所有权人的支配力，仅限于其行使受到法律保护的利益的范围。对此范围外他人在其地上及地下的干涉，土地所有人不得排除。农村集体经济组织将土地承包给他人，仅限于从事农、林、牧、渔等农业性生产经营的范围。对地下开凿隧道、地上通航飞机等，土地所有人不得请求排除。②法律的限制。法

律对土地所有权的限制很多，除了相邻关系的规定外，还有国防、电信、交通、自然资源、环境保护、名胜古迹等方面的限制，这里我们着重讨论土地所有权在矿产资源方面的限制。

《民法通则》第八十一条第二款："国家所有的矿藏，可以依法由全民所有制单位和集体所有制单位开采，也可以依法由公民采挖。国家保护合法的采矿权。"国家有权决定矿山开采权的归属。《宪法》明确规定，矿藏属于国家所有。采矿权实质上是国家允许采矿权人直接对国家专有的某一部分特定化的矿产资源直接进行开发利用，并取得矿产品的所有权，以通过市场交换而获得利益为条件，要求采矿人支付相应价格，来满足国家作为矿产资源所有权人的经济利益的一种权利义务关系。《矿产资源法》规定，矿产资源属于国家所有，由国务院行使国家对矿产资源的所有权。凡在中华人民共和国领域及管辖海域开采矿产资源的单位和个人必须经过审查批准，取得采矿许可证，否则不得进行采矿活动。

上述纠纷，首先应明确两种行为，四方当事人的关系。即签订的土地承包合同行为与授予采矿许可证的行为，后者属法律对土地所有权的限制的相应行为。因此产生的四方当事人分别为集体经济组织（土地所有者）、某甲、某乙、审批机关。集体经济组织将土地承包给某甲，某甲在所承包的土地上仅限于从事农、林、牧、渔等农业性生产经营，而无权开采矿产资源。对于某乙，依《矿产资源法》规定，地表或地下的矿产资源的国家所有权，不因其所依附的土地的所有权或者使用权的不同而改变。某乙经审查批准，取得采矿许可证，尽管矿产资源在该集体经济组织的地表或地下，但并不影响矿产开采权的行使，但应补偿因开采矿产资源给集体经济组织或土地承包经营者造成的财产损失，也就是说，对所从事的农、林、牧、渔等农业性生产经营造成的损失给予补偿。

【拓展阅读】

1. 付坚强．土地空间权制度研究．南京：东南大学出版社，2014.

2. 自然资源部关于公开征求《自然资源部关于城镇住宅小区地下车位（库）确权登记若干问题的意见（征求意见稿）》意见的通知，2019.

3. 叶晓敏．住宅小区地下车位（库）的确权登记问题——以浙江省杭州市为例[J]．中国土地，2018(08)：41－43.DOI：10.13816/j.cnki.cn11-1351/f.2018.08.017.

参考文献

一、书籍类

[1]国家法官学院案例开发研究中心．中国法院2019年度案例-土地纠纷．北京:中国法制出版社,2019.

[2]王玥,田珅．土地管理学．北京:中国农业大学出版社,2018.

[3]孔凡文．城市土地利用管理．2版．大连:大连理工大学出版社,2018.

[4]北大-林肯中心．土地制度管理的国际经验及启示．北京:科学出版社,2018.

[5]罗平．土地管理三维思维-土地立体化利用管理技术．北京:科学出版社,2018.

[6]中国法制出版社．中华人民共和国土地法律法规全书:含相关政策及典型案例．北京:中国法制出版社,2018.

[7]甘淑,袁希平．国土资源学概论．北京:地质出版社,2017.

[8]杨再兴．农村土地政策与管理．北京:中国建材工业出版社,2017.

[9]李江风．土地管理教程．武汉:中国地质大学出版社,2017.

[10]陈铁雄．国土资源管理．杭州:浙江大学出版社,2017.

[11]陈珏．土地资源管理案例解析．哈尔滨:黑龙江人民出版社,2017.

[12]宋晓丽．不动产统一登记背景下土地分类标准的协同研究．北京:地质出版社,2017.

[13]陆红生．土地管理学总论．6版．北京:中国农业出版社,2016.

[14]邹亚锋,邹亚琼．土地资源管理案例．北京:中国经济出版社,2016.

[15]孙敖．土地资源管理实训教程．成都:西南财经大学出版社,2016.

[16]燕世荣．农村土地相关法规汇集．杭州:浙江工商大学出版社,2015.

[17]邹小钢．国土资源与房屋管理工作研究．北京:经济日报出版社,2015.

[18]张威．土地管理法律实务．武汉:武汉大学出版社,2015.

[19]卢新海,黄善林．土地管理概论．上海:复旦大学出版社,2014.

[20]张红金．土地管理基础与法规．北京:中国建筑工业出版社,2014.

[21]祖彤,杨丽艳,孟令军．我国农村土地承包经营权制度研究2013年．哈尔滨:黑龙江大学出版社,2014.

[22]中国土地矿产法律事务中心．国土资源管理法律政策实务解析．北京:中国法制出版社,2014.

[23]中国法制出版社．中华人民共和国土地管理法-案例注释版．北京:中国法制出版社,2016.

[24]最高人民法院民事审判第一庭．最高人民法院农村土地承包纠纷案件司法解释理解与适用．北京:人民法院出版社,2015.

[25]李晓斌．土地承包、征地补偿、宅基地法律政策解读与实用范本典型案例全书．北京:中国法制出版社,2013.

[26]樊志全．土地权利理论与方法．北京:中国农业出版社,2005.

二、政策法规类

[27]三亚市人民政府．三亚市人民政府关于印发三亚市农村宅基地管理办法的通知,2019.

[28]国土资源部．关于全面实行永久基本农田特殊保护的通知,2018.

[29]国土资源部．节约集约利用土地规定,2018.

[30]海南省自然资源和规划厅．关于进一步推进农房建设规划报建管理工作的通知,2018.

[31]文昌市人民政府．文昌市农村居民建房管理办法,2018.

[32]文昌市人民政府．关于印发文昌市农村宅基地试点管理办法的通知,2018.

[33]国土资源部．自然生态空间用途管制办法(试行),2017.

[34]国土资源部等8部门联合印发《关于扩大国有土地有偿使用范围的意见》,2016.

[35]国土资源部．国土资源部关于进一步加快宅基地和集体建设用地确权登记发证有关问题的通知,2016.

[36]国务院．国务院关于开展农村承包土地的经营权和农民住房财产权抵押贷款试点的指导意见,2015.

[37]海南省住房和城乡建设厅．海南省农村居民建房指导意见,2015.

[38]海南省高级人民法院．海南省高级人民法院关于审理农村集体经济组织土地补偿费分配纠纷案件若干问题的意见(试行),2014.

[39]海南省人民政府．海南省农村居民建房审批办法,2012.

[40]海南省人民政府．海南省人民政府办公厅关于印发海南省征地安置留用地管理办法的通知,2012.

[41]国土资源部．关于加快推进农村集体土地确权登记发证工作的通知,2011.

[42]全国人民代表大会常务委员会．中华人民共和国海域使用管理法,2001.

[43]国土资源部．国土资源部关于进一步加快宅基地使用权登记发证工作的通知,2008.

[44]中华人民共和国建设部．房屋登记办法,2008.

[45]中华人民共和国建设部等．经济适用住房管理办法,2007.

[46]国务院办公厅．国务院办公厅关于严格执行有关农村集体建设用地法律和政策的通知,2007.

[47]海南省人民政府．海南省土地征收补偿安置管理办法,2007.

[48]全国人民代表大会常务委员会．中华人民共和国农民专业合作社法,2006.

[49]国土资源部．国土资源部办公厅关于带地入社土地确权问题的复函,2002.

[50]国土资源部．关于依法保护国有农场土地合法权益的意见,2001.

[51]海南省人民代表大会常务委员会．关于修改《海南经济特区土地管理条例》的决定,1997.

[52]第八届全国人民代表大会常务委员会．中华人民共和国城市房地产管理法,1994.

[53]国家土地管理局．关于确定土地权属问题的若干意见,1989.

[54]国土资源部．查处土地违法行为立案标准,2018.

[55]海南省国土环境资源厅．关于印发《海南省耕地破坏鉴定技术规范(试行)》,2014.

三、期刊报纸类

[56]茶丽华．承包地里连片种植核桃树是否可行．中国土地,2018(09):61.

[57]刘海权．农田里刮起种树风……．资源导刊,2011(04):42.

[58]刘玲玲．破坏耕地行为如何认定．河南国土资源,2005(03):42.

[59]刘洋．这宗非法用地案件是否构成非法占用耕地罪？陕西国土资源,2010(09).

[60]杨佃珠．集体建设用地改变用途如何处罚？中国国土资源报,2013-01-23(011).

[61]刘易峰．工业用地水面养鱼,属改变用途吗？中国国土资源报,2013-07-03(011).

[62]张尚斌．闲置土地的处理与土地使用权人的开发意愿是否相关．中国土地,2019,(06):58.

[63]徐涛．闲置土地应依法收回其使用权．http://www.110.com/ziliao/article-319325.html,2012-09-17.

[64]高明艳．古稀老汉进城带孙子遭遇土地易主诉讨承包经营权．https://www.chinacourt.org/article/detail/2008/09/id/323572.shtml,2008-09-24.

[65]阴国利．墙倒屋塌不理会空闲宅地被收回．中国国土资源报,2013-12-04(011).

[66]谢爱国．空闲住宅用地能否转让？中国国土资源报,2009-06-18(007).

[67]陈枝辉．区政府违规批地,招商引资协议无效,应相应赔偿．https://www.sohu.com/a/275444459_159412,2018-11-14.

[68]刘济林．1.2 亩土地权属如何确定？陕西国土资源,2005(11-12).

[69]佚名．农业人口转非后土地归谁所有？农民致富之友,2005(02):35.

[70]戴文功,张新宇,冀骁侠．原生产队与村民间承包协议是否有效．检察日报,2003-11-19.

[71]侯福志．这宗闲置地应归还村民小组．中国国土资源报,2008-07-17(008).

[72]欧阳妙珠．林权证与土地证,谁是林地权属依据？中国国土资源报,2009-09-17(007).

[73]余建华,纪承伟．持美国绿卡还能分得户籍地土地补偿吗？人民法院报,2016-02-26(003).

[74]颜桂芝．这宗地的出让金该不该收．中国自然资源报,2019-01-11(007).

[75]武汉市自然资源和规划局．未领取产权证的房屋买卖是否有效．http://zrzyhgh.wuhan.gov.cn/zwgk_18/zcfgyjd/zcjd/202001/t20200107_616679.shtml,2004-06-17.

[76]金牌．房屋多次买卖纠纷案例分析．https://www.lawtime.cn/article/lll102472340102477434oo320600,2014-08-23.

[77]闵佳．如何出让填海造地形成的土地使用权．中国国土资源报,2009-10-29(006).

[78]胡皓．因继承房屋形成的一户两宅不违法．http://dihe.cn/news/view-174,2016-08-06.

[79]汪键松．户口迁出未退还承包地,征地时能否取得安置补助费．中国土地,2015(01):59.

[80]黄曦．"双重违法"查处难题如何解？中国自然资源报,2018-10-27(007).

[81]韩少清．本案中宅基地互换协议宜视为有效．中国国土资源报,2005-07-07

(007).

[82]高梦一,朱繁．划拨土地能否随意转让改变用途．中国土地,2018(08):55.

[83]张颖．宅基地只登记在一人名下,其他家人有份吗？http://www.110.com/ziliao/article-718202.html,2018-05-26.

[84]郭佑宁．城镇居民因受遗赠取得的农村老宅应如何进行登记．中国土地,2015(08):58.

[85]白新亚．因继承房屋形成的一户两宅不违法．中国国土资源报,2005-07-14(007).

[86]石永伟．村民“农转非”,还有土地承包权吗．农民日报,2012-06-14(008).

[87]孟俊松．奖励性“农转非”后是否还有土地承包权．https://www.unjs.com/lunwen/faxue/20080120150939_30832.html,2008-01-20.

[88]陈志宏,唐霄,徐胜群．一起农业承包地退回纠纷．https://www.lawtime.cn/info/fangdichan/fcanli/2006092335002.html,2019-10-26.

[89]于风卫,谭熠龙．出嫁女户籍未动仍享有村民待遇．村委主任,2012(03):45.

[90]琼山县桂林洋振家村等3村农工起诉国营桂林洋农场出让土地赔偿纠纷不属人民法院受理范围裁定驳回起诉案．https://www.unjs.com/lunwen/faxue/20080120150957_30885.html,2008-01-20.

[91]夏国刚．学校食堂不能租出去经营——对于某镇中学擅自出租划拨用地的分析．中国国土资源报,2005-03-31(007).

[92]秦险峰．未登记的房屋抵押合同是否产生抵押权效力．中国土地,2019(03):60.

[93]韩鸿峰,郭志俊．承包地转包可不经村委会同意．农村百事通,2006(02):66.

[94]王翠同．村民贷款为何不能用自己住宅抵押担保．健康生活,2006(03):52-52.

[95]李炳辉,郑美珍．自家院里建围墙,也不能断了邻家的路——从一宗案例看通行权的保护．中国国土资源报,2006-07-20.

[96]纪永明．土地所有权与矿山开采权的关系．山西科技报,2004-11-06(003).